그분의 숨결

그분의 숨결

임다윗 신앙에세이

그분이 먼저 저를
전부 삼아 주신 것처럼
이젠 그분이 저의
모든 것이 되셨습니다.

저자의 말

그분을 알게 된 것은 오래전이었습니다.

그분이 먼저 조용히 다가오셨습니다.

보일 듯 말 듯, 들릴 듯 말 듯…

매우 섬세하고 조심스럽게 다가오셨습니다.

저는 그분에게 별로 관심이 없었습니다. 부담스럽기도
해서 애써 그냥 무시하고 지나치기도 했습니다. 그러나 차츰
그분의 사랑을 느끼게 되었습니다. 우여곡절 끝에 드디어 저
는 그분의 사랑에 빠져들게 되었습니다.

이제는 그분의 세미한 음성을 들어야만 평안을 누릴 수 있습니다. 그분의 자상한 손길을 느껴야만 안정감을 가질 수 있습니다. 그분의 세밀한 인도를 받아야만 안도할 수 있습니다. 그분의 포근한 품 안에 안겨야만 참 만족을 얻을 수 있습니다. 그분의 따스한 숨결을 마셔야만 살 수 있습니다.

그분이 먼저 저를 전부 삼아 주신 것처럼 이젠 그분이 저의 모든 것이 되셨습니다.

그러나 그분은 여전히 베일에 싸이신 분입니다. 그 베일을 벗기면 벗길수록 더욱 신비하고 놀라운 분이십니다. 세상 모든 것이 그분의 베일입니다. 아마 영원히 그분의 베일을 다 벗길 수 없을 것입니다.

그래도 저는 계속 그분의 경이로운 베일을 벗기며 살 것입니다. 그리하여 그분의 신비한 사랑 안에서 신바람 나게 살고 싶습니다.

저자 임다윗 목사

차례

1

만물의
합창

마음의 등불

고전 『주홍 글씨』는 청교도 사회였던 17세기 미국 뉴잉글랜드를 배경으로 쓰인 너새니얼 호손(Nathaniel Hawthorne)의 명작입니다. 주인공 헤스터 프린은 남편과 떨어져 혼자 살다가 그 마을의 미혼 목사 딤스데일과 눈이 맞아 넘지 말아야 할 선을 넘고 말았습니다.

그의 아이를 임신한 헤스터는 배가 불러 왔으나 끝까지 상대가 누군지를 밝히지 않았고, 결국 광장에 세워져 사람들에게 손가락질 받고 일평생 드레스 가슴에 주홍 글자를 새기고 살아야 한다는 형벌을 받게 됩니다.

그 주홍 글자는 '간음(adultery)'의 첫 알파벳인 'A'입니다. 그러나 이후 헤스터 프린이 좋은 성품으로 성실히 살아가는 것을 보며 사람들은 점차 그녀의 가슴에 새겨진 주홍 글자 A를 '천사(angel)'의 'A'로 해석하게 됩니다.

이 과정을 묵묵히 지켜봐야 했던 딤스데일 목사는 죄의식에 시달렸습니다. 사생아로 자라는 자기 아이를 보면서 양심의 가책을 못 이긴 그는 심각한 질병에 걸렸고, 결국 헤스터가 심판을 받았던 바로 그 광장에서 자신의 죄를 낱낱이 고백합니다. 그렇게 내면의 고통으로 비참해진 '사도(apostle)'로서 화해의 순간을 맞이하고, 얼마 지나지 않아 숨을 거둡니다.

이 이야기를 읽다 보면 인간에 대해 많은 생각을 하게 됩니다. 딤스데일은 무엇에 그렇게 괴로워했습니까? 그것은 바로 양심의 고통입니다. 인간에게 최고의 형벌은 양심의 가책입니다. 양심이란 도대체 무엇입니까? 무엇이기에 이렇게 인간을 괴롭히는 것입니까?

하나님이 인간을 지으실 때 하나님의 형상대로 만드셨습니다. 이때 하나님께서 인간에게만 주신 선물이 바로 양심입니다. 원숭이가 아무리 지능이 높고 돌고래가 아무리 재주가 뛰어나도 그들에겐 양심이 없습니다. AI 인공지능이 아무리 발달하고 챗GPT가 아무리 똑똑해도 그 안에는 일말의 양심도 없습니다. 인간의 인간 됨은 양심이 있기 때문입니다.

임마누엘 칸트(Immanuel Kant)는 이런 말을 했습니다. "생각할수록 감탄과 경건한 마음을 일으키는 것 두 가지가 있다. 하나는 밤하늘에 반짝이는 별이고, 다른 하나는 나의 가슴속에 있는 양심이다. 양심은 인간 마음속에 숨어 있는 죄책을 추궁하는 인간 내면의 법정이다."

또 존 러스킨(John Ruskin)은 "인간 본래의 심정과 양심은 신에게 속해 있다. 이 점에서 사람은 누구나 신의 모습을 나타내고 있다"라고 했습니다. 양심은 신의 모습, 하나님의 형상이라는 것입니다.

물론 인간이 범죄함으로 타락하여 하나님의 형상이 깨지고 양심이 몹시 상한 것은 사실입니다. 그러나 여전히 양심은 인간 마음속에 살아 있습니다. 그래서 하나님은 인간의 양심을 통해 말씀하시며 인간의 양심을 사용하시곤 합니다.

어릴 적 아이들이 다툴 때마다 동네 어른들은 이런 말씀을 자주 하셨습니다. "하늘이 무섭지 않느냐? 양심을 똑바로 가져라. 사람이 양심이 있어야지." 양심이 하늘과 관계있음을 어렴풋이나마 알고 있는 것입니다.

또 루소(Jean-Jacques Rousseau)는 『에밀』에서 이렇게 외칩니다. "양심이여 양심이여, 신성한 본능이여, 영원한 하늘의 소리어, 무지한 인간에게 총명하고 믿음직한 안내자여, 인간을 하나님답게 하며 선과 악에 대하여 정확한 심판자여." 이렇듯 양심은 우리 안에 있는 하늘의 소리, 하늘의 안내자, 하늘의 심판자입니다.

그런데 그 양심이 점점 변질되어 가고 있습니다. 어떤 사람에게는 양심이 있기는 있는지 묻고 싶을 정도입니다. 말세의 때라 그런지 사람들의 양심이 더욱 악해지고 있는 것입니다. 사도 바울은 디도서와 디모데전서에서 당시에도 양심이 더럽고 양심에 화인을 맞은 자들이 있었음을 보여 줍니다.

깨끗한 자들에게는 모든 것이 깨끗하나 더럽고 믿지 아니하는 자들에게는 아무것도 깨끗한 것이 없고 오직 그들의 마음과 양심이 더러운지라 **딛 1:15**

자기 양심이 화인을 맞아서 외식함으로 거짓말하는 자들이라 **딤전 4:2**

비양심적인 사람, 양심이 더러워진 사람, 양심에 화인 맞은 사람이 많아질수록 그런 사회는 불행한 사회, 하나님의 진노를 쌓는 사회일 수밖에 없습니다. 주님이 오실 때가 가까워서 그런지 갈수록 양심 불량자들이 많아지는 것만 같습니다.

양심은 '마음의 등불'입니다. 등불이 꺼지면 어둠과 혼돈입니다. 양심은 '신호등'입니다. 신호등에 이상이 생기면 거리는 아수라장이 될 수밖에 없습니다. 양심은 '나침반'입니다. 나침반이 고장이 나면 배는 표류하고 암초에 좌초될 수밖에 없습니다.

양심은 '버팀목'입니다. 버팀목이 무너지면 건물이 무너질 것입니다. 그렇다면 우리는 이런 양심 상실의 시대에 어떻게 살아야 합니까? 먼저 나부터 양심을 깨끗이 해야 하지 않겠습니까?

하물며 영원하신 성령으로 말미암아 흠 없는 자기를 하나님께 드린 그리스도의 피가 어찌 너희 양심을 죽은 행실에서 깨끗하게 하고 살아 계신 하나님을 섬기게 하지 못하겠느냐 히 9:14

우리가 마음에 뿌림을 받아 악한 양심으로부터 벗어나고 몸은 맑은 물로 씻음을 받았으니 참 마음과 온전한 믿음으

그분의 숨결

성경은 예수님이 우리의 양심을
깨끗케 하신다고 말씀합니다.
우리는 날마다 회개하고
깨끗한 양심을 가져야 하는 것입니다.

로 하나님께 나아가자 히 10:22

성경은 예수님이 우리의 양심을 깨끗케 하신다고 말씀합니다. 우리는 날마다 예수님의 피를 의지해서 악한 양심을 깊이 회개하고 깨끗한 양심을 가져야 하는 것입니다.

믿음과 착한 양심을 가지라 어떤 이들은 이 양심을 버렸고
그 믿음에 관하여는 파선하였느니라 딤전 1:19

그뿐만 아니라 성경은 선한 양심을 끝까지 지켜 내야 한다고 강조합니다. 어떤 이권이나 유혹 앞에서도, 어떤 협박이나 불이익 가운데에도, 어떤 박해나 심지어 죽음 앞이라도 우리는 청결한 양심을 지켜야 합니다. 바로 사도 바울처럼 말입니다. 사도행전 23장을 보면 바울은 무서운 종교 재판에 세워졌습니다. 그럼에도 그는 담대히 외쳤습니다.

바울이 공회를 주목하여 이르되 여러분 형제들아 오늘까지
나는 범사에 양심을 따라 하나님을 섬겼노라 하거늘 행 23:1

그분의 숨결

24장에서도 바울은 계속해서 고백합니다.

이것으로 말미암아 나도 하나님과 사람에 대하여 항상 양심에 거리낌이 없기를 힘쓰나이다 행 24:16

자신의 양심에 따라 광장에 섰던 딤스데일을 보며, 또 담대한 믿음으로 재판장에 섰던 바울을 생각하며 우리를 돌아봅니다. 갈수록 양심의 소리를 듣기 어려운 시대에, 갈수록 양심의 실천을 보기 어려운 세상에서도 우리 그리스도인들에게는 양심을 지켜 내는 담대한 믿음이 있기를 소망합니다.

✿

주여, 우리도 사도 바울처럼 이 시대의 양심, 이 사회의 등불, 이 세대의 나침반, 이 세상의 버팀목이 되게 하소서. 주님의 보혈을 의지하여 더욱 거룩히 살게 하소서. 아멘.

습관은 제2의 천성

　이른 아침 양치할 때마다 어린 시절이 떠오릅니다. 대부분의 아이들처럼 저도 유년기에는 세수가 싫었고, 이를 닦는 것은 더 싫었습니다. 아침마다 씻는 것이 너무 싫었습니다. 할머니는 그런 저를 붙잡아 한바탕 씨름을 하셔야 했습니다. 특히 겨울철이면 세수하기가 죽기보다 싫었습니다. 얼음을 깨고 그 물로 세수하고 이를 닦아야 했기 때문입니다. 그래서 아침이 오지 않기를 바란 적도 많습니다.

　6.25 동란 직후였던 그 시절에는 칫솔도 치약도 귀했습니다. 대부분의 집에서는 소금을 손가락에 찍어 이를 닦았습니다. 할머니가 뻣뻣하고 거친 손가락으로 이를 닦아 주실 때마다 굵은 소금 알갱이 때문에 어찌나 잇몸이 아프고 쓰리던지, 때로는 피가 나기도 했습니다. 번번이 도망을 다녔으나 소용없었습니다. 그런 저를 한결같이 세수시키고 이를 닦아 주셨던 할머니, 문득 할머니가 그립습니다.

　　　　　　　　　　　　　　　　　그분의 숨결

가만 보니 집에서 기르는 개는 세수도 안 하고 이도 닦지 않았습니다. 얼마나 개가 부럽고 소가 부러웠는지 모릅니다. 심지어 집돼지도 부러웠습니다.

그러나 지금은 아닙니다. 이를 닦는 것이 행복합니다. 반 나절이라도 이를 안 닦고 있으면 입이 텁텁하고 냄새가 나고 치석이 끼는 느낌이 들어 몹시 불편합니다. 이를 닦는 습관이 생겼기 때문입니다.

무엇이든 습관이 생기기까지는 어렵습니다. 습관이 안 되면 힘듭니다. 습관이 안 되면 신경 써야 하고, 스트레스가 생기고, 일부러 애써야 합니다.

습관이 되면 편합니다. 습관으로 관성이 생기고 관성이 생기면 힘들이지 않고 자연스레 행하게 됩니다. 그것이 몸에 배어 자연스럽게 되는 것입니다. 그래서 서양 덕담에는 이런 말이 있습니다.

"습관은 제2의 천성이 되고 제2의 천성은 고치기 힘들다."

오랫동안 불교 신자였던 할머니는 자식들 등쌀에 못 이겨 교회에 나가기 시작하셨습니다. 그러다 은혜받고 예수님을 믿어 하나님 자녀가 되셨습니다. 오랜 습관을 하루아침에 고칠 수 없었던 할머니는 설교를 들으며 은혜받을 때마다 "아멘"이 아니라 "나무아미타불" 하며 두 손을 모으셨습니다.

제가 "할머니, 아멘 하셔야지요"라고 하면 깜짝 놀라며 "아이고, 내 정신 좀 봐. 그래, 아멘" 하셨지만 다음에 또 다시 "나무관세음보살"이라고 하셨습니다. 예배를 마치고 목사님께 인사할 때도 두 손을 모으고 "주지 목사님, 은혜 많이 받았습니다. 나무관세음보살"이라고 하셨습니다.

이처럼 습관은 바꾸기 힘듭니다. 습관이 굳어지면 천성이 되기 때문입니다. 우리가 일상적으로 하는 행동의 90%가 습관이라고 합니다. 단 10%만이 내 의지적 행동이고 나머지는 무의식적 습관을 따라 산다는 것입니다.

그래서 습관이 천성이라고 하는 것입니다. 어떤 습관을 가졌느냐에 따라서 그 사람의 인생이 결정된다고 말할 수 있습니다. 그 사람이 우수한 것이 아니라 좋은 습관이 그 사람을 우수하게 만듭니다. 좋은 습관이 많은 사람은 좋은 사람, 우수한 사람, 훌륭한 사람이 되고 나쁜 습관이 많은 사람은 나쁜 사람, 부족한 사람, 못난 사람이 될 것입니다.

이런 습관의 중요성을 저는 온몸으로 배웠습니다. 20대

후반에 전도사가 되고 곧 목사가 되면서 매일 새벽기도회를 인도하게 되었습니다.

기도회는 새벽 4시 30분에 시작하는데, 새벽잠이 많은 저는 기도회 인도가 몹시 힘이 들었습니다. 3시 반에는 일어나야 설교를 준비할 수 있고, 세수하고 양치한 뒤 양복 입고 기도회를 인도할 수 있기 때문입니다. 한겨울의 새벽 3시 반은 깜깜한 밤이었습니다. 그 시간에 일어나면 하루 종일 해롱해롱했습니다. 매일 해야 하는 설교 준비도 힘들었지만 늘 부족한 잠이 더 힘들었던 듯합니다.

젊음으로 버텼지만 갈수록 힘들었습니다. 한국 교회 목회는 새벽기도를 안 하고는 불가능해 보였는데, 평생 이 짓을 해야 한다고 생각하니 눈앞이 캄캄했습니다. 너무 힘들어 마음이 바닥을 치는 날이면 이런저런 불평도 쏟아 냈습니다.

'어떤 인간이 새벽기도를 만들어서 이 생고생을 시키는 거야. 대체 어떤 놈이야? 어떤 놈이 새벽기도를 만든 거야. 아이고 내 팔자야. 아예 해외 선교사로 나가 버려야 하나? 해외 한인 목회 자리를 알아볼까?'

새벽기도회 하나 때문에 목회가 힘들고 날마다 고역이었습니다. 그렇게 괴로운 시간을 견디며 1년, 2년, 3년을 지내다 보니까 점차 할 만해졌습니다. 어느새 습관이 되어 있었습니다. 성경을 가만히 읽어 보니까 그제야 예수님도 새벽에 기도를 하셨다는 사실이 깨달아졌습니다. 결국 저의 불평이 예수님을 욕한 꼴이 되었음을 알고는 회개했던 기억이 있습니다.

> 새벽 아직도 밝기 전에 예수께서 일어나 나가 한적한 곳으로 가사 거기서 기도하시더니 막 1:35

새벽기도에 관성이 붙게 되니 새벽 3시 반이면 자동으로 잠자리에서 눈이 떠졌습니다. 새벽기도회를 건디는 게 아니라 누리게 되었습니다. 제가 먼저 은혜를 받고 날마다 새 힘을 얻었습니다. 그렇게 새벽기도를 한 지도 40여 년이 넘었습니다.

이제는 새벽기도를 하지 않으면 찜찜하고 가슴이 허하고 답답하고 컬컬하고 하루 종일 컨디션이 좋지 않습니다. 새벽기도가 제 천성이 되었습니다.

그래서 날마다 새벽기도를 인도합니다. 사람들은 무리하지 말고 좀 쉬라고 만류하지만 결국은 제 자신을 위해서, 이

그분의 숨결

좋은 습관을 깨지 않기 위해서 아무리 피곤해도 새벽 제단을 쌓고 있습니다.

예수님만이 아닙니다. 성경을 보면 다니엘, 베드로, 요한, 바울 등 믿음의 선진들은 모두 기도 생활, 기도의 습관을 가진 사람들이었습니다. 그러니 되는대로 살지 말고 나쁜 습관, 부정적인 습관은 벗어 버려야 합니다. 좋은 습관을 자꾸 만들어 가야 합니다. 처음엔 어려워도 반복하면 관성이 붙습니다. 좋은 생활 습관을 가집시다. 좋은 신앙 습관을 가집시다. 결국 습관이 나를 말해 줍니다. 좋은 습관을 가진 사람이 좋은 사람도 될 수 있습니다.

🌿

주여, 제게 버려야 할 악한 습관이 있다면 속히 버리게 하소서. 이제는 주님을 의지하며 좋은 습관을 많이 가진 좋은 그리스도인으로 살아가게 하소서. 아멘.

만물의 합창

차창 밖으로 보이는 논에서 농부들이 모를 심고 있었습니다. 수줍게 핀 이른 봄꽃들을 보며 좋아라 했던 것이 엊그제 같은데 벌써 초여름이 되었습니다. 시간이 참 빠릅니다. 너른 논에서 힘써 일하는 농부들을 보면서 자연스레 고향이 떠올랐습니다.

어릴 적에 모를 심을 무렵이면 개구리들이 그렇게 울어 댔습니다. 시끄럽던 개구리 울음소리, 도심에서 바쁜 일상을 살면서 그 개구리 소리를 듣지 못한 지가 오래되었습니다. 개구리 울음소리에는 재미있고 아름다운 옛이야기가 전해집니다.

10세기경, 성 브루노(Bruno)라는 성자가 있었습니다. 젊은 시절부터 홀로 수도 생활에 힘썼던 그는 훗날 카르투시오 수도회를 창설하고 그 수도원 원장으로 헌신합니다. 경건을 중

그분의 숨결

시했던 그는 대주교가 되어 달라는 요청도 거절하고 적막한 알프스 산속으로 들어갔습니다. 조용히 고독과 침묵 속에 기도에 정진하기 위해 깊은 산으로 들어간 것입니다.

젊은 시절 그가 침묵 기도를 하고 있을 때였습니다. 날이 저물자 근처 연못과 웅덩이의 개구리들이 엄청 울어 댔습니다. 시끄러운 울음소리에 경건의 시간을 망칠 수 없었던 그는 움막에서 뛰쳐나와 소리쳤습니다.

"개구리들아! 조용히 좀 해 다오. 시끄러워서 기도를 못 하겠구나."

그랬더니 신기하게도 개구리들이 그 말을 알아들었다는 듯이 조용해졌습니다. 그는 의기양양해서 움막으로 들어가 기도를 계속했습니다. 그런데 이게 웬일입니까? 다시 개구리들이 시끄럽게 울기 시작했습니다. 이번엔 언덕 너머 다른 개구리들까지 합세해서 더욱 시끄럽게 울었습니다.

개굴개굴 개구리 노래를 한다.

개굴개굴 개구리 노래를 한다.

엄마 개굴, 아빠 개굴, 누나 개굴, 오빠 개굴,

개굴개굴 개구리 노래를 한다.

화가 난 그가 다시 뛰쳐나와 신경질을 내며 심하게 꾸짖었습니다.

"개구리들아, 조용히 해! 기도하는데 왜 방해하는 거야?"

개구리들이 잠잠해졌습니다. 그러나 잠시 후 더 시끄럽게 울어 대는 개구리들. 그렇게 그는 움막에 들락날락하며 기도도 못하고 하나님께 불평을 쏟아 냈습니다.

"하나님, 시끄러운 사람들을 피해 조용한 곳으로 왔는데 이게 뭡니까? 저 개구리들 때문에 시끄러워서 기도를 못 하겠습니다. 저 입을 좀 틀어막아 주시면 안 되겠습니까?"

바로 그때 그의 머리를 흔들며 번개처럼 스쳐 지나가는 하나님의 음성이 있었습니다.

"너는 왜 너 혼자 기도한다고 생각하느냐? 저 개구리들을 누가 만들었느냐? 너 혼자만 기도하는 것이 아니다. 저 개구리들과 함께 기도하고 더불어 찬양한다고 생각하면 안 되겠느냐?"

그는 무릎을 탁 쳤습니다. '아, 개구리도 기도하고 찬양하고 있었구나!' 그제야 그는 밖으로 나와서 개구리들을 향해 부드럽고 친절한 목소리로 말했습니다.

"개구리 형제자매여, 미안하오. 이제부터 함께 하나님께

기도합시다. 함께 소리 높여 하나님을 높이고 찬양합시다."

개구리들은 그 말에 화답하듯 더욱 더 큰 소리로 울어 댔습니다.

개굴개굴 개구리 기도를 한다.
개굴개굴 개구리 찬양을 한다.
엄마 개굴, 아빠 개굴, 누나 개굴, 오빠 개굴,
개굴개굴 개구리 합창을 한다.

그날 브루노는 고독과 침묵의 기도를 멈추고 신이 나서 소리 내어 기도했습니다. 힘 있게 큰 소리로 하나님을 찬양했습니다. 그의 찬양 소리에 힘을 보태는 개구리들의 노랫소리, 그 합창이 들리는 듯합니다.

따스한 햇살에 녹음이 짙어 가고 생명이 약동하는 아름다운 계절입니다. 이 시기만 되면 천지만물이 온통 생동하며 하나님을 찬양하는 것 같습니다.

시편 148편에서 시인은 모든 만물을 향해 하나님을 찬양하라고 선포합니다.

브루노는 고독과 침묵의 기도를 멈추고
신이 나서 기도했습니다.
큰 소리로 하나님을 찬양했습니다.
개구리들의 합창이 들리는 듯했습니다.

할렐루야 하늘에서 여호와를 찬양하며 높은 데서 그를 찬양할지어다 그의 모든 천사여 찬양하며 모든 군대여 그를 찬양할지어다 해와 달아 그를 찬양하며 밝은 별들아 다 그를 찬양할지어다 하늘의 하늘도 그를 찬양하며 하늘 위에 있는 물들도 그를 찬양할지어다 그것들이 여호와의 이름을 찬양함은 그가 명령하시므로 지음을 받았음이로다 (중략) 여호와의 이름을 찬양할지어다 그의 이름이 홀로 높으시며 그의 영광이 땅과 하늘 위에 뛰어나심이로다 그가 그의 백성의 뿔을 높이셨으니 그는 모든 성도 곧 그를 가까이 하는 백성 이스라엘 자손의 찬양받을 이시로다 할렐루야 시

148:1~14

땅에서 하늘까지 모든 것을 하나님께서 지으셨습니다. 천지만물, 산천초목이 온통 하나님을 찬양하며 경배합니다. 그러니 하나님의 형상 따라 지음받은 사람이 어찌 하나님을 찬양하지 않을 수 있겠습니까? 더욱이 성자 하나님, 예수 그리스도의 핏값으로 속죄되어 구원받은 우리가 어찌 가만있을 수 있겠습니까?

지금도 만물의 찬양은 계속되고 있습니다. 이제 우리도

그 합창에 참여합시다. 날마다 하나님을 높이며 함께 노래합
시다.

주여, 천지만물이 주님을 노래하듯 우리도 주님을 찬
양하게 하소서. 우리의 목소리로, 우리의 마음으로, 우
리의 인생으로 주님을 높이며 경배하게 하소서. 아멘.

관점의 차이

　　며칠 전 한 사람을 만나 상담했습니다. 대화 내내 마음이 얼마나 답답하고 무거웠는지 모릅니다. '어떻게 저런 생각을 할까? 시선이 이토록 부정적이고 비뚤어진 사람을 본 적이 있었나?' 하는 생각이 들었습니다. 아마도 성장기에 남모를 아픔을 겪었으리라 짐작하면서 이해하려고 애썼습니다.

　　그동안 어두운 사고방식으로 살아오느라 본인은 얼마나 힘들고 괴로웠겠습니까? 가정생활은 물론이고 사회생활도 힘들었을 것입니다. 주변 사람들까지 함께 당했을 고통을 생각하니 더더욱 안타까웠습니다.

　　그런데 가만 생각해 보면, 정도의 차이가 있을 뿐 이는 모든 사람의 문제입니다. 우리 모두 타락한 존재로서 그 속에 부정적이고 어두운 면을 품고 있기 때문입니다. 우리 역시 이기적이고 자기중심적으로 생각할 때가 많습니다. 편견과 아집에 사로잡히기도 합니다. 때로는 자가당착에 빠져 이중

적이고 모순된 행동을 하기도 합니다. 나는 전혀 그렇지 않다고 자신할 수 있습니까? 스스로를 돌아보면 아마도 그럴 수 없을 것입니다.

여전히 많은 사람이 자기 편견에 사로잡혀 살아갑니다. 저마다 색안경을 쓰고 어둡게 세상을 바라봅니다. 삐딱하게 사람을 바라봅니다. 주변 모든 것을 비뚤어진 시선으로 보는 것입니다. 이런 식으로 말입니다.

착한 사람에게는 어수룩하다고 말합니다.
똑똑한 사람에게는 잘난 체 한다고 말합니다.
얌전한 사람에게는 소극적이라고 말합니다.
활력이 넘치는 사람에게는 까불거린다고 말합니다.

잘 웃는 사람에게는 실없다고 말합니다.
예의 바른 사람에게는 얄밉다고 말합니다.
듬직한 사람에게는 미련한 곰 같다고 말합니다.
소신 있는 사람에게는 고집불통이라고 말합니다.

부드러운 사람에게는 우유부단하다고,

신중한 사람에게는 소심하다고 말합니다.

명랑한 사람에게는 덜렁이라고,

꼼꼼한 사람에게는 까다롭다고 말합니다.

침착한 사람에게는 꽁생원이라고,

솔직한 사람에게는 너무 직선적이라고 말합니다.

감성이 풍부한 사람에게는 변덕쟁이라고,

배짱이 두둑한 사람에게는 뻔뻔하다고 말합니다.

혹여 우리 주변에 이런 사람은 없습니까? 아니, 나 자신이 이렇지는 않습니까? 이렇게 부정적이고 삐딱한 시선으로 세상을 바라보면 주변 사람이 불행할 뿐만 아니라 당사자의 인생 또한 고달프고 힘들게 됩니다.

그것이 끊임없이 부딪히고 분노하고 갈등하는 원인이 됩니다. 분명한 것은 하나님께서는 우리의 이런 어두운 시선을 몹시 싫어하신다는 것입니다.

민수기 13장에는 이스라엘의 열두 지파 대표들이 가나안 땅을 정탐하고 돌아와서 보고하는 장면이 나옵니다. 당시 열

명의 대표들이 부정적으로 보고했습니다. 가나안 사람들은 키가 큰 대장부들이고, 자신들은 메뚜기 같으니 다시 이집트로 돌아가야 한다고 주장했습니다. 그들은 이성적이고 합리적인 판단이라면서 부정적인 보고를 하여 온 백성을 절망에 빠뜨렸습니다. 그러자 하나님이 진노하셨습니다. 그 보고가 하나님을 무시하는 태도였기 때문입니다.

> 여호와께서 모세에게 이르시되 이 백성이 어느 때까지 나를 멸시하겠느냐 내가 그들 중에 많은 이적을 행하였으나 어느 때까지 나를 믿지 않겠느냐 민 14:11

오늘도 많은 이들이 심지어 그리스도인이라는 이들마저 하나님을 무시하고 멸시하며, 그분의 분노를 일으키며 살아가고 있습니다. 부정적인 생각과 언행을 서슴지 않고 쏟아냅니다.

안타까운 점은 그런 자신이 하나님의 진노 대상인 줄도 모르고, 심지어 자기 딴에는 신앙생활을 잘하고 있다고 착각하며 살아간다는 것입니다. 이는 자기 주제를 모르는 삶입니다. 인간의 관점은 부정적이기가 쉽습니다. 타락하고 부패한 속성이 있기 때문입니다.

그러나 여기, 하나님을 기쁘게 하여 큰 은혜와 복을 받아 누린 사람이 있습니다. 여호수아와 갈렙입니다. 민수기 14장을 보면 이 두 사람은 동일한 상황을 정탐했음에도 열 명의 대표들과는 전혀 다른 고백을 했습니다.

다만 여호와를 거역하지는 말라 또 그 땅 백성을 두려워하지 말라 그들은 우리의 먹이라 그들의 보호자는 그들에게서 떠났고 여호와는 우리와 함께하시느니라 그들을 두려워하지 말라 하나 **민 14:9**

여호수아와 갈렙은 가나안 땅의 현실을 신본주의 입장에서, 믿음의 시선으로, 하나님 약속의 관점에서 바라봤습니다. 여기에 인생 해답이 있습니다. 언제나 어디서나 누구에게나 하나님의 관점, 믿음의 눈으로 바라보는 것이 중요합니다. 로마서에서 바울은 믿음을 따라 행하지 않는 모든 것이 다 죄라고 말씀했습니다.

의심하고 먹는 자는 정죄되었나니 이는 믿음을 따라 하지

언제나 어디서나 누구에게나
하나님의 관점, 믿음의 눈으로
바라보는 것이 중요합니다.

아니하였기 때문이라 믿음을 따라 하지 아니하는 것은 다

죄니라 **롬 14:23**

우리는 타락한 본성, 부정적인 마음, 불신앙적인 관점과
싸워야 합니다. 믿음의 눈으로, 신앙적인 관점으로 세상을
바라봐야 합니다.

믿음으로 생각하고, 믿음으로 바라보고, 믿음으로 상상하
고, 믿음으로 말하고, 믿음으로 실천하고, 믿음으로 살아가
야 합니다. 사소한 것도 믿음의 눈으로, 긍정적인 관점으로
바라보아야 합니다.

믿음은 하나님을 긍정하는 것이고, 밝고 환하며 복된 것
이고, 하나님을 기쁘게 하는 것입니다. 그런 사람은 어수룩
한 사람에게 착하다고, 잘난 체하는 사람에게 똑똑하다고,
소극적인 사람에게 차분하다고, 까부는 사람에게 활기차다
고 말할 수 있습니다.

실없는 사람에게 웃는 게 보기 좋다고, 얄미운 사람에게
예의 바르다고, 미련한 사람에게 든직하다고, 고집 있는 사
람에게 소신 있다고 말할 수 있습니다. 믿음으로 보기에 누
구든 귀히 보이는 것입니다.

바울은 빌립보 교인들을 향해 "아무 일에든지 다툼이나 허영으로 하지 말고 오직 겸손한 마음으로 각각 자기보다 남을 낫게"(빌 2:3) 여기라고 말씀합니다.

이 말씀처럼 우리 모두 믿음의 눈으로, 겸손한 마음으로, 긍정적인 태도로 세상을 보고 사람을 대하며 살아가면 좋겠습니다. 그리하여 하나님이 기뻐하시는 아름답고 복된 인생이 되길 소망합니다.

🌿

주여, 우리의 눈을 열어 주소서. 부정적인 시선 불신앙적 태도를 버리고 언제나 어디서나 누구에게나 믿음의 눈으로 바라보며 믿음의 태도로 마주하게 하소서. 아멘.

봄의 전령, 민들레

3월 초, 힘든 일로 골치를 앓다가 머리를 식힐 겸 산책길에 나섰습니다. 아주 오랜만이었습니다. 두꺼운 잠바 차림으로 잔뜩 움츠린 채 집 근처 산책로를 따라 걸었습니다. 힘든 생각이 떠올라 발걸음이 무거웠습니다.

그때 한적한 길가 양지바른 곳에 작고 노란 민들레꽃 한 송이가 바람에 흔들리는 것이 보였습니다. 무척이나 반가웠습니다. 올 들어 처음 마주치는 민들레였습니다.

'그래, 봄! 봄이 오고 있었구나!'

민들레가 따스한 봄의 전령처럼 느껴졌습니다. 자연스럽게 발걸음을 멈추고 꽃을 바라보았습니다. 온통 메마른 무채색 대지가 펼쳐진 그곳에 물감을 뿌린 듯 샛노란 꽃이 활짝 웃고 있었습니다. 이렇게 찬바람이 코끝을 찌르는데도 꽃을 피운 민들레가 대견했습니다.

'유독 추웠던 지난 겨울에도 용케 살아남았구나. 가뭄으로 메마르고 거친 땅에서도 이겨 냈구나. 수많은 사람에게 밟혀 굳어진 대지를 뚫고 예쁜 꽃을 피워 냈구나.'

작은 꽃 한 송이가 얼마나 장하고, 대견하고, 기특하고, 신비롭던지! 설레는 마음으로 더 가까이 다가갔습니다. 민들레와 마음의 대화를 나눠 봤습니다. 해맑은 미소, 그 환한 웃음, 눈부신 모습의 민들레가 제 마음을 환하게 비추며 말을 걸어옵니다.

"안녕하세요? 봄이 왔어요, 봄."

"그래, 안녕? 봄이 왔지, 봄. 너를 보니 봄이 온 게 확실해. 넌 춥지 않니?"

"춥긴요. 햇볕이 따뜻해서 너무 좋아요."

그러고 보니 코끝 바람은 차기만 한데 등을 비추는 햇살은 따스했습니다.

"제가 봄소식을 전하러 왔으니 이제 움츠린 어깨를 활짝 펴세요. 따스한 봄을 즐기세요."

민들레는 봄날 햇살을 흠뻑 받으며 더욱 활짝 웃었습니다. 덩달아 제 마음도 묵은 외투를 벗고 활짝 피어났습니다. 겨울이 지나간 줄도 모르고, 봄이 온 줄도 모르고, 삶의 무게에 짓눌려 있던 제게 봄소식을 알려 준 민들레가 참 고마웠습니다.

'그래, 얼마나 사모하던 봄인가. 얼마나 기다리던 봄인가. 나를 설레게 하는 봄, 어린 시절 그리운 고향을 생각나게 하는 봄, 이 봄을 마음껏 즐기자!'

아마도 저만 그런 것은 아닐 것입니다. 누구든 겨울을 뚫고 올라오는 봄의 기운을 보면 기쁘고 반가울 것입니다. 왜 우리는 봄이 되면 이렇게 가슴이 벅차오르는 것일까요? 봄이 천국을 예표하는 계절이기 때문입니다.

꽃이 피는 봄, 만물이 소생하는 봄은 하나님 나라의 그림자입니다. 봄의 풍경은 기화요초(琪花瑤草)가 만발한 천국을 그려 줍니다. 따스하고 부드러운 봄바람은 성령님의 격려 같습니다. 그윽한 봄 향기는 우리 주님의 숨결 같습니다.

이때부터 예수께서 비로소 전파하여 이르시되 회개하라 천국이 가까이 왔느니라 하시더라 마 4:17

천국을 알리는 예수님의 첫 일성입니다. 예수님은 세상에 오셔서 천국의 봄소식을 전하며 사셨습니다. 봄기운을 전

춥고 메마른 세상 한구석에서,
민들레처럼 봄소식을 전하는
천국의 전령들이 되기를 소망합니다.

파하셨습니다. 그렇다면 우리도 그래야 하지 않겠습니까?

우리도 저마다 심겨진 자리에서 천국의 봄기운을 전하는 자들이 되기를 원합니다. 춥고 메마른 세상 한구석에서, 민들레처럼 봄소식을 전하는 천국의 전령들이 되기를 소망합니다. 그러려면 민들레가 따스한 햇살을 받아 추위를 이기고 꽃을 활짝 피워 내듯, 우리도 참 태양이신 주님의 햇살을 흠뻑 받아 추위를 이기고 천국 꽃을 활짝 피워야 합니다.

> 믿음의 주요 또 온전하게 하시는 이인 예수를 바라보자 그는 그 앞에 있는 기쁨을 위하여 십자가를 참으사 부끄러움을 개의치 아니하시더니 하나님 보좌 우편에 앉으셨느니라
>
> 히 12:2

어디서나 예수님을 향해야 합니다. 주님의 봄볕을 듬뿍 받을수록 차갑고 어두운 세상을 향해 환한 미소, 천국의 봄소식을 전할 수 있지 않겠습니까?

우리 그리스도인은 천국의 전령들입니다. 밝고 환한 하늘나라 미소로 천국 소식을 전하는 사명자들입니다. 해맑은 웃음으로 천국의 꽃을 얼굴에 피워서 차갑고 어둡고 살벌한 이

세상에, 가정과 직장과 이웃에 천국의 전령들로 살아갑시다.

주여, 언제나 주님을 바라보며 주님의 햇살을 누리게
하소서. 그리하여 세상 어디서든 맑고 밝게 천국의 봄
꽃을 활짝 피워 하나님 나라의 복된 소식 전하게 하소
서. 아멘.

비둘기 예찬

어린 시절 아랫마을 작은 할머니 댁에 자주 놀러 다녔습니다. 집 앞마당에는 언제나 비둘기들이 있었는데, 모이를 주면서 얼마나 재미있게 놀았는지 모릅니다. 그래서인지 도심 곳곳에서 마주치는 비둘기들을 보면 무척이나 반갑고 기분이 좋습니다. 그 시절 비둘기와 함께 뛰놀던 아름다운 시간이 떠오르며 가슴이 따스해지기 때문입니다.

비둘기는 언제 봐도 품격이 있습니다. 크지도 작지도 않은 체구에 머리부터 꼬리까지 균형이 잘 잡혀 미끈하게 생겼습니다. 부리도 적당해서 육식성 맹금류처럼 날카롭지 않고 잡식성 조류처럼 볼품없지도 않습니다. 특히 비둘기의 눈망울은 보는 이의 마음을 사로잡습니다. 순결하고 아름답게 반짝입니다.

일찍이 이 사실을 알았던 솔로몬 왕은 술람미 여인에게 사랑을 고백하며 이렇게 이야기했습니다.

내 사랑아 너는 어여쁘고 어여쁘다 네 눈이 비둘기 같구나

아 1:15

그뿐만 아니라 비둘기는 걷는 모습도 품위 있고 우아합니다. 오리처럼 뒤뚱거리지 않고 까치처럼 방정맞게 콩콩 뛰어다니지도 않습니다.

또한 비둘기는 나지막하면서도 심금을 울리는 아름다운 소리를 냅니다. 참새처럼 신경을 거스르는 짹짹 소리도 아니고, 까마귀처럼 소름 돋는 기이한 소리도 아니고, 꾀꼬리처럼 뽐내는 오만방자한 소리는 더더욱 아닙니다. "구구구구!" 안으로 되새기는 듯 깊이 있고 절제된 소리입니다. 마치 하나님 앞에서 자신을 돌아보며 구슬프게 회개하는 소리, 하나님의 용서와 자비를 구하는 겸손한 소리 같습니다.

이처럼 비둘기는 무엇 하나 예쁘지 않은 것이 없는 특별한 새입니다. 그런데 안타깝게도 지금은 이런 비둘기가 수난을 당하는 시대입니다. 무지하고 오만한 인간들이 비둘기를 유해조수로 낙인찍었다고 합니다. 각종 전염병과 벼룩, 진드기 등 해충을 퍼뜨린다는 이유로 남산과 시청 광장 곳곳에

내 사랑아 너는 어여쁘고 어여쁘다

네 눈이 비둘기 같구나 아 1:15

있던 비둘기 집을 철거해 버렸습니다. 독극물로 수많은 비둘기를 죽였다고도 합니다. 또 도시에서 살아가며 이런저런 사고를 당해 발가락이 잘리거나, 눈이 멀거나, 목이나 날개에 실이 감겨 치명상을 당하는 비둘기들도 있습니다.

이제 무지와 오해에서 벗어나 비둘기와의 아름다운 공존을 시작해야 합니다. 비둘기는 모래 목욕, 물 목욕을 좋아해서 모래와 물만 충분히 마련해 주면 수시로 자신을 청결하게 합니다. 또한 비둘기는 철새가 아니어서 병균과 해충을 퍼뜨리지 않습니다.

지금도 서구의 여러 광장에서는 사람들과 비둘기가 함께 어울리는 장면이 자주 목격됩니다. 그런 도시의 모습은 평화롭고 아늑하며 고상해 보입니다. 먹이를 주는 사람들의 발치에 내려앉아 서로 교감하는 모습이 얼마나 보기 좋은지 모릅니다. 메마르고 삭막한 도시인에게, 그리고 한창 자라나는 아이들에게 좋은 정서와 아름다운 추억을 간직하게 합니다.

무엇보다 비둘기는 성경에서 좋은 상징으로 여러 번 등장합니다. 창세기 7장을 보면 오랜 홍수로 지치고 고달픈 노아에게 비둘기가 새 올리브 잎사귀를 물고 돌아옵니다. 하나님의 무서운 진노와 심판이 끝나고, 새로운 평화의 시대가 도래했음을 알려 준 것입니다. 그래서 비둘기가 평화의 상징이 되었나 봅니다. 비둘기는 시기하거나 싸우는 법이 없는 평화와 겸손과 온유의 새입니다.

보라 내가 너희를 보냄이 양을 이리 가운데로 보냄과 같도다 그러므로 너희는 뱀같이 지혜롭고 비둘기같이 순결하라
마 10:16

예수님은 그런 비둘기가 순결하다고 하셨습니다. 그래서 제자들에게도 비둘기 같아야 한다고 말씀하셨습니다. 비둘기는 일부일처제로 한 번 짝을 지으면 평생 순결하게 정조를 지킨다고 합니다.

예수께서 세례를 받으시고 곧 물에서 올라오실새 하늘이 열리고 하나님의 성령이 비둘기같이 내려 자기 위에 임하심을 보시더니 마 3:16

더욱이 마태복음 3장을 보면 성령 하나님이 예수님 위에

임하실 때 비둘기처럼 임하셨다고 합니다. 성령 하나님을 비둘기로 비유한 것입니다. 비둘기는 성령님의 상징이 될 정도로 아름답고 특별한 새입니다. 그래서 저는 감히 말하고 싶습니다. 비둘기는 하늘의 새요, 천국의 새요, 하나님 나라의 새요, 하나님의 새라고.

부디 바라기는 이런 비둘기의 모습이 우리의 모습이 되기를 소망합니다. 비둘기 같은 성령의 은혜가 우리에게 충만하여 우리 안에도 평화와 순결이, 성령의 임재가 가득하기를 기대하며 기도합니다.

주여, 비둘기처럼 온유하게 하소서. 비둘기처럼 순결하게 하소서. 제게도 비둘기처럼 성령님이 임하셔서 하늘의 평화와 소망이 제 삶에 가득 넘치게 하소서. 아멘.

그분의 숨결

아빠, 아버지

늦은 나이에 결혼했습니다. 제가 결혼할 당시 이미 초등학생 자녀를 둔 친구들도 있었습니다. 아내의 임신 소식을 듣게 된 것은 결혼한 지 얼마 되지 않았을 때입니다. 정말 뛸 듯이 기뻤습니다. 한 생명이 우리 가정에 찾아온 것이 얼마나 감사한지 축하 파티를 열었습니다. 하루하루 아이를 만날 생각에 가슴이 부풀었습니다.

"배 좀 내밀어 봐요. 우리 아기하고 대화 좀 하게."

날마다 아내 배에 귀를 대고 아기 소리에 귀를 기울이면서 인사했습니다. "아가, 안녕? 아빠야, 아빠! 아가야, 사랑해. 무럭무럭 잘 자라거라." 때로는 알아들었다는 듯이 툭툭 발길질을 해서 신기하고 놀라웠습니다. "여보, 아기가 또 발길질을 했어." 믿기지 않을 만큼 설레는 일이었습니다.

어설프지만 태중의 아기에게 열심히 태교를 했습니다. 성경도 읽어 주고 찬송도 불러 주고 기도도 해 주었습니다.

아기가 태어나기 전부터 아빠의 마음을 전하고 싶어 무던히 애를 썼습니다. 아기가 아들인지 딸인지 알기 전부터, 착한지 나쁜지, 똑똑한지 부족한지, 잘났는지 못났는지 상관없이 아무 조건 없이 아기를 사랑했습니다.

그러면서 놀라운 사실을 깨달았습니다. 하나님 아버지의 사랑은 이와는 비교할 수 없이 큰 사랑이라는 사실 말입니다. 하나님의 사랑은 내가 잉태되기 전, 훨씬 전부터 시작되었습니다. 에베소서를 보면 그 사랑이 창세전부터 시작되었고, 하나님께서 나를 향해 놀라운 계획을 갖고 계신다고 말씀합니다.

> 곧 창세전에 그리스도 안에서 우리를 택하사 우리로 사랑 안에서 그 앞에 거룩하고 흠이 없게 하시려고 엡 1:4

하나님은 내가 태어나기 전부터 끔찍이 사랑하셨습니다. 잘났든 못났든, 좋든 나쁘든, 똑똑하든 멍청하든 상관없이 하나님은 아무 조건 없이 '그냥' 사랑하셨습니다. 하나님의 사랑은 자격 조건을 초월한 무조건적인 사랑입니다. 어떤 조건이 아니라 '존재 자체'를 사랑하십니다. 지금도 그 사랑을

그분의 숨결

우리에게 보여 주십니다.

우리 부부는 아기가 태어나기 전에 아기에게 필요한 것들을 최선을 다해 준비했습니다. 아기 옷은 물론 기저귀, 수건, 베개, 포대기, 손 싸개, 비누, 욕조, 파우더 등. 심지어 아기 장난감과 신발까지 사 두었습니다.

그 시절 몹시 가난했지만 아기를 위해서라면 아깝지 않았습니다. 아기를 위해 준비하는 시간과 비용이 아깝지 않았습니다. 그저 즐겁고 행복했습니다. 하나님, 우리 아버지도 그러시지 않겠습니까?

이는 다 이방인들이 구하는 것이라 너희 하늘 아버지께서
이 모든 것이 너희에게 있어야 할 줄을 아시느니라 마 6:32

전지전능하신 하나님 아버지께서는 우리가 이 세상에 태어나기 전, 이미 필요한 모든 것을 다 아시고 준비해 놓으셨습니다. 이러한 하나님을 여호와 이레, 미리 준비하시는 하나님이라고 합니다. 하나님께서는 창세전부터, 내가 태어나기 전부터 미리미리 필요한 것들을 기쁘고 즐겁게 다 준비해

놓으셨던 것입니다.

그렇게 열 달을 채워 마침내 아기가 세상에 태어났습니다. 그날의 기쁨은 형용할 수가 없습니다. 처음 아기를 품에 안았을 때 눈물 날 만큼 행복했습니다. 아기가 저를 몰라보고 제게 조금도 관심이 없어도 저는 아기가 너무 사랑스러웠습니다. 밤낮이 바뀌어 밤새도록 울어 대도, 칭얼거리며 힘들게 해도 사랑스러웠습니다.

때로는 몸이 아파서 끙끙거리며 고통 속에 있을 때에도 아기는 아빠의 상황에는 아랑곳하지 않고 뭐가 그렇게 좋은지 방긋방긋 웃었습니다. 그 웃음을 보기만 해도 제 고통이 사라질 만큼 사랑스러웠습니다. 비가 오나 눈이 오나 밤낮없이 온갖 사랑을 쏟아 돌보았습니다. 아기가 저를 알아보지 못하고, 제 맘을 알아주지도 않았지만 여전히 사랑했습니다.

하나님도 우리를 그렇게 사랑하십니다. 우리가 이 세상에 태어났을 때 가장 기쁘고 행복한 분이 누구이시겠습니까? 하나님은 사람을 지으시고 '심히 좋았다'고 말씀하셨습니다 (창 1:31). 하나님 아버지는 밤낮없이 무한한 사랑과 엄청난 은혜를 쏟아 주십니다. 우리는 그 하나님의 사랑, 그 놀라운 은 하나님도 우리를 그렇게 사랑하십니다.

우리가 이 세상에 태어났을 때

가장 기쁘고 행복한 분이 누구이시겠습니까?

혜를 잘 깨닫지 못합니다. 그렇다고 해도 여전히 우리를 사랑하시는 하나님, 무한한 짝사랑의 하나님이십니다.

시간이 지나며 아기는 점점 더 말썽쟁이가 되어 갑니다. 아무거나 입에 넣고 아무거나 만지고 아무 데나 기어다니며 한시도 가만히 있질 않습니다. 밤낮 떼를 쓰고 고집부리고 울어 대고 악을 쓰고 뒹굴고 막무가내입니다.

가끔은 지쳐서 나가떨어지기도 했지만, 우리 부부가 아기를 사랑하는 마음은 변하지 않았습니다. 우리 하나님, 우리 주님의 사랑도 이와 같습니다.

> 여호와는 긍휼이 많으시고 은혜로우시며 노하기를 더디 하시고 인자하심이 풍부하시도다 시 103:8

그러던 어느 날, 아기가 드디어 저와 눈을 맞추며 입을 열었습니다. "아바바 아바 아바바바." 어설프고 서투른 소리였지만 '아빠'라고 부르는 것이 분명했습니다. 짧은 소리였고 발음도 엉터리여서 쉽게 알아차릴 수 없지만, 아빠만은 유일하게 알아듣는 고백이었습니다.

아내가 아니라고 우겨도 저는 확실히 아기가 '아빠'라고 말하려 한다는 것을 알 수 있었습니다. 신이 나서 더욱 열심히 눈을 맞추며 부르게 했습니다. 그러자 얼마 후 자연스럽게 아빠를 부르게 되었습니다.

세상에서 지치고 힘든 일이 있어도 그 소리를 들으면 새 힘이 솟아났습니다. 아무리 괴로운 일로 파김치가 되어 집에 돌아오더라도 아기가 "아빠, 아빠" 하면서 품에 안기면 어떤 상처도 눈 녹듯 사라졌습니다. 아기가 "아빠" 하면서 품에 안길 때의 감격, 그 희열, 그 행복은 이루 말할 수 없었습니다. 우리의 하나님 아버지도 그러시지 않겠습니까?

우리가 예수님을 믿고 하나님의 자녀가 되어 처음 하나님을 아버지로 불렀을 때 하나님께서는 얼마나 기쁘셨을까요? 지금도 우리가 하나님께 나아가서 "아빠 아버지!"라고 부르면 하나님께서 얼마나 기뻐하실까요? 선지자 스바냐는 하나님께서 우리를 바라보며 기뻐하고 즐거이 부르신다고 말씀합니다.

너의 하나님 여호와가 너의 가운데에 계시니 그는 구원을 베푸실 전능자이시라 그가 너로 말미암아 기쁨을 이기지 못하시며 너를 잠잠히 사랑하시며 너로 말미암아 즐거이

부르며 기뻐하시리라 하리라 습 3:17

이렇게 기뻐하시는 하나님 아버지께 우리 스스로 나아가야 하지 않겠습니까? 아버지 품에 안겨서 마음껏 아빠 아버지를 부릅시다. 매일 아빠 아버지 품에서, 매 순간 아빠 아버지와 동행하며 살아갑시다. 그리하여 우리가 하나님의 기쁨이 되어 드리고 하늘 아버지와 함께 영원무궁토록 행복을 누리기를 소망합니다.

🌿

주여, 우리를 자녀 삼아 주시고, 아빠 아버지라 부르게 하시니 감사합니다. 매일 아빠 아버지를 의지하며 아빠 아버지와 동행하며 살아가게 하소서. 아멘.

그분의 숨결

애간장 녹는 사랑

어릴 적 철없던 시절에는 부모님이 살고 있던 시골집이 부끄러웠습니다. 친구 집에 놀러 갈 때마다 그 아이들이 사는 도시의 주택에 눈이 휘둥그레지고, 깔끔하고 잘 정돈된 집 안 살림살이가 부러웠습니다. 그에 비해 전형적인 농가 주택이었던 우리 집은 낡고 지저분하고 초라하게만 느껴졌습니다.

농사일하시는 아버지는 늘 햇볕에 그을리고 고된 노동에 찌들어 남루한 모습이었습니다. 그런 아버지의 모습이 자랑스럽기는커녕 친구들에게 보이기도 싫었습니다. 당시 아버지는 촌에서 중학교까지 졸업한 나름의 고학력자였고, 머리도 똑똑하기로 소문이 자자했으나 그뿐이었습니다. 왜 우리 집은 이런 깡촌에 살아야 하는지 못마땅하고 창피하기만 했습니다.

그러나 철이 들면서, 더욱이 예수님을 믿고 은혜를 받으면서 제 시선이 바뀌었습니다. 부모님을 존경하게 되었습니다. 한평생 농사를 지으면서 정직하고 우직하게, 그리고 선하게 살아오신 부모님이 참으로 자랑스러웠습니다.

세상에 수단 방법을 가리지 않고 성공하려는 사람, 이기적이고 탐욕적으로 살아가는 사람이 얼마나 많습니까? 개중에는 훌륭한 이도 있겠지만 출세하고 성공한 이들 상당수가 사람에게 상처 주거나, 불의에 눈 감거나, 남들이 모르는 죄를 지으며 거기에 이릅니다. 그런 이들의 자식이 아니라 부모님의 아들이어서 감사합니다.

사도 바울은 갈라디아서에서 "무엇으로 심든지 그대로" 거둔다고 말씀했습니다.

스스로 속이지 말라 하나님은 업신여김을 받지 아니하시나니 사람이 무엇으로 심든지 그대로 거두리라 갈 6:7

또 출애굽기를 보면 하나님께서는 이스라엘 백성에게 십계명을 주시며 "아버지로부터 아들에게로 삼사 대까지" 영향이 흐른다고 말씀하셨습니다.

그것들에게 절하지 말며 그것들을 섬기지 말라 나 네 하나님 여호와는 질투하는 하나님인즉 나를 미워하는 자의 죄

를 갚되 아버지로부터 아들에게로 삼사 대까지 이르게 하

거니와 **출 20:5**

이 말씀에 비추면 제 삶은 참 복된 인생입니다. 할아버지와 아버지는 평생 농촌에서 순박하고 성실하게 농사만 지으셨습니다. 그리고 최선을 다해 어린 자녀를 돌보셨습니다.

70년대 살기 힘든 그 시절에도 아버지는 소를 팔아 가면서 아들 둘을 대학에 보내고, 신학 공부까지 시키셨습니다. 우리 동네와 주변 여러 마을까지 통틀어 고등학생은 저 하나였고, 대학생은 읍내에서도 보기 드물던 시대였습니다.

또 어머니는 저를 눈물로 키우셨습니다. 6.25 전쟁 통에 저를 낳으셨는데 그때 어머니 나이 열일곱이었습니다. 당시 아버지는 참전군인이었기에 어머니는 혼자 저를 낳아 기르셨습니다. 전쟁 통에 다들 피난 간 마을에서 자리를 지키며 아버지를 기다리셨습니다. 제대 후 집으로 돌아온 아버지는 아장아장 걸을 만큼 성장한 아들을 처음 만났습니다.

어머니는 그야말로 피눈물로 저를 지켜 내셨습니다. 먹을거리가 없어 자주 굶어야 했고, 추위에 얼어 죽을 뻔했다고도 합니다. 그뿐만이 아닙니다. 홍역을 치르고, 독감으로 죽을

부모님의 사랑이 바로 하나님 사랑의 예표입니다.
그 사랑을 고운 체로 거르고, 거르고, 거르면
순수한 하나님의 사랑 아니겠습니까?

고비를 넘기는 아들을 온 힘을 다해 돌보셨습니다.

이런 부모님의 희생, 부모님의 사랑이 바로 하나님 사랑의 예표입니다. 부모님의 사랑을 고운 체로 거르고, 거르고, 거르면 그것이 순수한 하나님의 사랑 아니겠습니까? 부모님의 사랑을 확대하고, 확대하고, 확대하면 그것이 무한한 하나님의 사랑 아니겠습니까? 호세아서를 보면 이런 하나님의 사랑이 아주 감동적으로 표현되어 있습니다.

에브라임이여 내가 어찌 너를 놓겠느냐 이스라엘이여 내가 어찌 너를 버리겠느냐 내가 어찌 너를 아드마같이 놓겠느냐 어찌 너를 스보임같이 두겠느냐 내 마음이 내 속에서 돌이키어 나의 긍휼이 온전히 불붙듯 하도다 호 11:8

"내 마음이 내 속에서 돌이키어 나의 긍휼이 온전히 불붙듯 하도다" 이 대목을 쉬운 성경은 "너 때문에 내 가슴이 뛰고, 너를 불쌍히 여기는 마음이 불붙는 듯 하구나"라고 번역했습니다. 또 공동번역 성서는 "나는 마음을 고쳐먹었다. 네가 너무 불쌍해서 간장이 녹는구나"라고 번역했습니다.

천지만물을 창조하신 하나님께서 우릴 보며 애간장이 녹

는다니 참 놀랍지 않습니까? 사실 어릴 적에는 이 말의 뜻을 잘 알지 못했습니다. 여기서 '애'는 창자, 내장을 의미합니다. 즉 창자와 내장이 다 녹아 버리듯 그렇게 마음이 간절한 것을 의미합니다. 이 말에는 유례가 있습니다.

옛날 중국 산골 마을에 원숭이를 잡는 사냥꾼이 있었습니다. 그가 새끼 원숭이 한 마리를 잡아서 집으로 가고 있는데, 어미 원숭이가 슬피 울며 쫓아왔습니다. 한동안 그렇게 따라오더니 잠잠해져서, 그는 무슨 일인가 싶어 뒤를 돌아보았습니다. 그랬더니 그 어미가 땅에 엎어져 이미 죽어 있는 것이 아니겠습니까?

사냥꾼은 오늘 운수가 좋다며 어미 원숭이까지 어깨에 메고 집으로 돌아왔습니다. 그리고 요리를 하기 위해 먼저 어미 원숭이의 배를 갈랐는데 이게 웬일입니까? 창자와 간과 내장이 다 터져서 녹아 있었습니다. 자기 새끼 때문에 내장이 녹고 창자가 끊어져 터진 것입니다. 바로 이 이야기에서 '애간장이 녹는다'라는 말이 유래되었다고 합니다.

이것이 자식을 생각하는 부모님의 마음입니다. 우리를 살리기 위해 독생자까지 아낌없이 희생제물로 내어 주신 하나님 아버지의 사랑입니다. 하나님의 사랑은 누구도 끊을 수 없는 애간장 녹는 사랑입니다.

> 높음이나 깊음이나 다른 어떤 피조물이라도 우리를 우리 주 그리스도 예수 안에 있는 하나님의 사랑에서 끊을 수 없으리라 **롬 8:39**

이런 사랑을 받은 자가 어찌 부모를 모른 척 할 수 있겠습니까? 어찌 부모를 욕되게 할 수 있겠습니까? 그런데도 이 사랑을 잊어버리고, 불평하고, 원망하며 하나님 아버지를 욕되게 하는 우리의 모습을 봅니다. 이제 돌이켜야 합니다. 아버지를 높이며 아버지께 감사하며 살아야 합니다. 아버지의 자녀 된 도리를 다해야 합니다. 그것이 우리를 자녀 삼아 주신 하나님의 기쁨이며 우리 삶의 참 행복입니다.

주여, 부모님의 은혜와 하나님의 사랑을 잊지 않게 하소서. 언제나 그 은혜와 사랑에 감격하며 만 분의 일이라도 보답하는 마음으로 하루하루를 살게 하소서. 아멘.

2

최고의 선물,
오늘

최고의 선물, 오늘

　며칠 전 책 한 권을 읽었습니다. 책 제목은『지금 이 순간을 사랑하며』인데, 저자의 이름이 좀 깁니다. 프란치스코 하비에르 구엔 반 투안(Francis Xavier Nguyen van thuan). 그는 베트남 가톨릭 신부입니다. 1975년 베트남이 공산화되면서 13년을 감옥에서 보낸 그는 수감 중에 한 선교사로부터 이런 고백을 듣습니다.

　"나는 반평생을 감옥에서 풀려나기를 기다리는 데 허비하지 않겠다."

　이 말을 듣고 그는 깊은 깨달음을 얻습니다. 그 깨달음이 담겨 있는 그의 책을 읽다가 한 대목에서 저도 큰 감명을 받았습니다. 그래서 밑줄을 그었습니다.

　제 스스로에게 말했습니다. 기다리지 않으리라고. 지금 이
　순간을 사랑으로 채우며 살리라고. 우리의 삶의 모든 순간

이 첫 순간이며 마지막 순간이고 유일한 순간이기 때문입니다.

그는 감옥에서 풀려날 날만 헛되이 기다리며 스스로를 희망 고문하지 않겠다고 결심했습니다. 그곳에서도 시간을 허비하지 않겠다고 다짐했습니다. 그렇게 오늘, 현재, 이 순간을 사랑하고 누리며 의미 있게 살겠다는 각오를 품고 하루하루 순간순간을 의미 있게 살고자 애를 썼습니다.

그는 수시로 종잇조각에 글을 썼고 아무도 모르게 이웃들과 나누었습니다. 그 조각 글은 점점 이웃에서 이웃으로 퍼져 나가 베트남 사회에 큰 영향을 미치게 되었습니다.

그뿐 아니라 그는 독방에 머무는 사람들에게 친절한 미소로 대화를 나누며 사랑을 실천했습니다. 하루하루 순간순간을 성실하게, 의미 있게 누리며 살았습니다. 감옥이라는 최악의 환경에서도 최선의 삶을 산 승리자가 된 것입니다.

그렇다면 오늘 우리는 어떤지 돌아보지 않을 수 없습니다. 이렇게 좋은 환경에서, 하루하루를 얼마나 가치 있고 보람되게, 아름답고 복되게 누리고 있습니까? 영국 시인 제이슨 레만(Jason Lehman)은 이런 시를 남겼습니다.

봄이 왔네

그러나 나는 여름을 기다렸지

그 따뜻한 햇살과 화려한 외출을

여름이 되었네

그러나 나는 가을을 원했네

화려한 단풍, 그리고 신선한 공기를

가을이 왔네

그러나 내가 원하는 건 겨울이었지

아름다운 눈, 성탄의 기쁨

마침내 겨울이 왔어

그러나 나는 봄을 기다렸네

그 따뜻함과 그 자연의 눈부신 소중함을

어린 시절, 나는 어른 됨을 기다렸네

그 자유함, 그 존경스러운 것들을

20대의 계절, 나는 30대를 기다렸네

그 성숙함과 그 지혜로움을

마침내 내가 중년이 되었을 때,

나는 오히려 20대를 동경했네

그 푸른 젊음과 자유의 시대를

은퇴의 계절,

나는 중년의 때를 동경하고 또 동경했지

그 정성 어린 때,

땀 흘려 생의 한계를 도전했던 그때를

이제 나의 삶은 끝날 시절

나는 내가 원했던 것을 아무것도 얻지 못했다네

많이 공감되지 않습니까? 시인은 현재를 살지 못하고 과거와 미래 속에서 살았습니다. 그래서 허무한 인생 아무것도 아닌 인생을 마주하게 되었습니다. 주님께서 주신 오늘, 지금이 중요하다는 의미입니다. 그러므로 우리는 오늘을 즐거워하고 기뻐하며 이 순간을 최고로 생각하고 감사하며 살아야 하지 않겠습니까?

누군가가 말했습니다. "당신이 살고 있는 오늘은 어제 세상을 떠난 사람들이 그토록 기다리던 날"이라고. 그렇습니다. 아무나 오늘을 맞이하지 못합니다. 하나님께서 은혜를 주셔야 오늘이라는 새날을 맞이할 수 있습니다.

오늘은 하나님이 주신 최고의 선물입니다. 어제는 지나간 역사이고, 내일은 미스터리일 뿐입니다. 오늘이 아름다운 선물입니다. 우리는 이 귀한 하나님의 선물을 감사함으로 받아서 기뻐하고 행복하게 누리며 살아 내야 합니다.

> 이날은 여호와께서 정하신 것이라 이날에 우리가 즐거워하
> 고 기뻐하리로다 **시 118:24**

시편의 기자 역시 오늘 이날을 감사하고 즐거워하며 기뻐하자고 말씀합니다. 하나님이 정하여 선물로 주신 바로 오늘을 기뻐하고, 오늘을 누리면서, 오늘을 찬양하며, 오늘을 즐기면서 살자는 것입니다.

우리가 가진 것은 오늘뿐입니다. 지금 이 시간밖에 없습

니다. 어제는 영원히 지나가 버렸고, 내일은 아직 오지 않았습니다. 내일은 안 올지도 모르는 하나님 주권의 날입니다. 그러니 미래를 너무 걱정하고 고민하며 어둡게 살 필요가 없습니다. 예수님도 이렇게 말씀하셨습니다.

> 그러므로 내일 일을 위하여 염려하지 말라 내일 일은 내일이 염려할 것이요 한 날의 괴로움은 그날로 족하니라 **마 6:34**

우리는 하나님이 선물로 주신 오늘을 선용해야 합니다. 최선을 다해서 살아야 합니다. 오늘, 의미 있고 보람되게 살아야 합니다. 그렇다면 어떻게 오늘을 누리며 가치 있고 보람되게 보낼 수 있을까요?

> 항상 기뻐하라 쉬지 말고 기도하라 범사에 감사하라 이것이 그리스도 예수 안에서 너희를 향하신 하나님의 뜻이니라 **살전 5:16~18**

오늘을 선물로 주신 하나님께 감사하면서 사는 것, 그 하나님을 기뻐하며 행복하게 사는 것, 주어진 하루를 기쁨으로 가득 채우는 것, 이것이 하나님의 뜻입니다.

그러기 위해서는 오늘의 행복을 내일로 미루지 말아야 합니다. 막연한 미래의 행복을 위해 오늘 현재의 행복을 희생하는 사람은 어리석습니다. 그렇게 미뤄 둔 미래가, 나중의 행복이 내게 오지 않는다면 결국엔 아무것도 아닌 것이 되는 것입니다.

오늘이 중요합니다. 지금 행복해야 합니다. 지금 사랑해야 합니다. 지금 기뻐해야 합니다. 그동안 과거 때문에 오늘을 힘들게 살아오지는 않았는지, 더욱이 미래 때문에 오늘이 아름다운 시간을 희생하지는 않았는지 돌아봅시다. 그리고 이제 오늘을 기쁘게 살아 냅시다.

주여, 우리에게 오늘이라는 선물을 주심에 감사합니다. 이 귀한 하루를 허투루 흘려보내지 않고 매 순간 기쁨으로, 감사로, 누리며 살아가게 하소서. 아멘.

마음의 감기약

하루는 한 집사님이 아파트 고층에서 투신했다는 기막힌 소식을 들었습니다. 큰 충격을 받았습니다. 40대 초반의 집사님은 배우자와 자녀까지 있는 지성적이고 신실한 사람이었습니다.

그런데 어찌 이런 일이 일어난 것일까요? 어떻게 구원받고 성령받은 하나님의 자녀가, 그것도 헌신적이었던 성도가 그런 극단적 선택을 할 수 있었을까요? 무엇보다 저의 책임이 크다고 느껴져 마음이 몹시 무겁고 아팠습니다.

집사님은 오랫동안 우울증에 시달려 왔다고 합니다. 우울증이 이렇게 무섭고 끔찍한 질병인 줄 미처 모르고 있던 저는 그 후 우울증에 대해 공부하게 되었습니다.

정신의학자들에 의하면 우울증은 누구나 쉽게 걸릴 수 있는 질병으로서 '마음의 감기'라고 부른다고 합니다. 감기처럼 누구나 걸릴 수 있는 질병이라는 의미입니다.

한 통계에 의하면 우리나라에서 우울증으로 자살하는 사람의 수가 하루 30~40명이라고 합니다. 1년이면 1만 명이 넘습니다. 이는 자동차 사고 사망자보다 훨씬 많은 숫자입니다. 알고 보니 우울증은 삶의 질을 떨어뜨리고, 행복을 빼앗아 가며, 각종 심각한 문제를 야기시키고, 심지어 돌이킬 수 없는 극단적 선택에 이르게 하는 무서운 질병이었습니다.

중요한 것은 정도의 차이는 있을지라도 누구든 생애 한두 번쯤은 이러한 우울증을 경험한다는 것입니다. 아무리 긍정적이고 낙천적인 사람도, 신앙이 좋은 사람도 예외가 없습니다. 누구에게든 우울증이 급습해 올 수 있습니다.

심지어 믿음의 영웅들조차 우울증으로 고생했습니다. 대표적인 사람 중 하나가 '욥'입니다. 그의 탄식을 들어 보면 심각한 우울증에 시달렸음을 알 수 있습니다.

그 후에 욥이 입을 열어 자기의 생일을 저주하니라 욥이 입을 열어 이르되 내가 난 날이 멸망하였더라면, 사내 아이를 배었다 하던 그 밤도 그러하였더라면, 그날이 캄캄하였더라면, 하나님이 위에서 돌아보지 않으셨더라면, 빛도 그날을 비추지 않았더라면 (중략) 이는 내 모태의 문을 닫지 아니

누구에게든 우울증이 급습해 올 수
있습니다. 믿음의 영웅조차 우울증으로
고생했습니다. 대표적인 사람이 욥입니다.

하여 내 눈으로 환난을 보게 하였음이로구나 어찌하여 내

가 태에서 죽어 나오지 아니하였던가 어찌하여 내 어머니

가 해산할 때에 내가 숨지지 아니하였던가 어찌하여 무릎

이 나를 받았던가 어찌하여 내가 젖을 빨았던가 **욥 3:1~12**

이스라엘을 통일하여 강력한 나라를 세웠던 신앙의 영웅

다윗도 심한 우울증을 겪었습니다.

내 하나님이여 내 하나님이여 어찌 나를 버리셨나이까 어

찌 나를 멀리하여 돕지 아니하시오며 내 신음 소리를 듣지

아니하시나이까 (중략) 나는 벌레요 사람이 아니라 사람의

비방거리요 백성의 조롱거리니이다 나를 보는 자는 다 나

를 비웃으며 입술을 비쭉거리고 머리를 흔들며 말하되 **시**

22:1~7

선지자 엘리야도 심한 우울증을 겪었습니다. 그는 바알

과 아세라 제사장 850명을 때려잡은 신앙 영웅이었습니다.

그러나 왕후 이세벨의 살해 협박이 두려워 광야로 몰래 도망

쳤고, 로뎀나무 아래에서 홀로 낙심하여 하나님께 대들었습

니다. 자기 홀로 있음을 한탄하며 깊은 좌절에 빠져 있기도
했습니다.

> **4** 자기 자신은 광야로 들어가 하룻길쯤 가서 한 로뎀나무
> 아래에 앉아서 자기가 죽기를 원하여 이르되 여호와여 넉
> 넉하오니 지금 내 생명을 거두시옵소서 나는 내 조상들보
> 다 낫지 못하니이다 하고
> **10** 그가 대답하되 내가 만군의 하나님 여호와께 열심이 유
> 별하오니 이는 이스라엘 자손이 주의 언약을 버리고 주의
> 제단을 헐며 칼로 주의 선지자들을 죽였음이오며 오직 나
> 만 남았거늘 그들이 내 생명을 찾아 빼앗으려 하나이다 **왕**
> **상 19:4, 10**

미국의 16대 대통령이던 에이브러햄 링컨(Abraham Lincoln)
도 심한 우울증을 앓았던 것으로 알려져 있습니다. 첫사랑인
앤 러틀리지가 세상을 떠났을 때 그는 크게 낙심하여 죽기를
바랐고, 두 아들 에디와 윌리가 죽었을 땐 자살하려고 했습
니다. 동료 변호사 스튜어트는 링컨을 가리켜 '대책 없는 우
울증 환자'였다고 고백했습니다.

19세기 위대한 목회자이며 설교가인 찰스 스펄전(Charles Haddon Spurgeon)도 심한 우울증에 시달렸다고 합니다. 그는 1866년 설교 중에 이런 고백을 했습니다. "저는 심한 우울증에 시달리고 있습니다. 여러분 중 누구도 제가 겪는 이런 극도의 비참한 고통을 겪지 않기를 바랍니다."

이처럼 훌륭한 믿음의 영웅들도 예외 없이 우울증에 시달리곤 했습니다. 따라서 우리도 마음의 감기, 우울증에 걸릴 수 있음을 인정해야 합니다. 스스로를 객관화하는 것이 필요합니다. 그리고 믿음의 영웅들을 비롯하여 우울증을 극복한 이들로부터 지혜와 방법을 배워야 합니다.

우울증 극복 방법은 사람마다 증상마다 다를 수 있습니다. 균형 잡힌 식사, 산책, 여행, 운동, 단잠, 취미 활동, 규칙적인 생활 등. 심한 경우는 전문가의 지도 아래 상담과 약물 요법이 필요할 것입니다.

무엇보다 중요한 것은 우울증이 영적인 문제라는 사실입니다. 근원적으로 볼 때 영적인 눌림, 영적인 억압으로서 결국 영적 싸움입니다. 그러므로 근본적인 해결 방법은 하나님께 나아가는 것입니다. 마귀를 멸하러 오신 주 예수님, 그리스도 예수만이 해결책이요 해법입니다.

마음의 감기를 이겨 내는 가장 확실한 방법은 주님이십니다. 위에 언급한 믿음의 영웅들 욥, 다윗, 엘리야, 링컨, 스펄전 같은 이들의 공통된 승리의 비결 역시 분명합니다. 그들은 주님께 나아가 기도로 승부를 걸었습니다.

그들은 모두 기도의 용사였습니다. 오직 하나님 앞에 엎드리고, 하나님과 씨름하고, 하나님과 논쟁하고, 하나님께 하소연하고, 하나님께 부르짖었습니다. 한나절씩 또는 온종일, 때로는 며칠씩 하나님께 엎드려 부르짖음으로 그들은 승리할 수 있었습니다.

주께서 나의 슬픔이 변하여 내게 춤이 되게 하시며 나의 베옷을 벗기고 기쁨으로 띠 띠우셨나이다 시 30:11

주님께서 우리의 슬픔이 변하여 기쁨이 되게 하십니다. 상한 마음을 치유하여 강건케 하십니다. 주님께 모든 것을 걸어야 합니다.

너는 내게 부르짖으라 내가 네게 응답하겠고 네가 알지 못

하는 크고 은밀한 일을 네게 보이리라 **렘 33:3**

주님 안에 해답이 있습니다. 그 해답을 주신다 약속하셨습니다. 주님이 완전한 회복이요, 주님만이 온전한 치료제입니다. 삶에 그림자가 드리울 때, 남모를 아픔과 슬픔에 짓눌릴 때, 막막한 문제를 만났을 때 망설이지 말고 주님께 엎드립시다. 우리 주님께 부르짖을 때 회복은 시작될 것입니다.

주여, 삶이 힘겨울 때 주님이 생각나게 하소서. 주님으로 회복하고, 주님으로 다시 서게 하소서. 우리 주변의 영혼들을 위해서도 함께 기도하게 하소서. 아멘.

그분의 숨결

자존심과 자존감 사이

　러시아의 대문호이자 낭만주의 작가인 알렉산드르 푸시 킨(Alexander Sergeyevich Pushkin)의 이야기입니다. 그는 "삶이 그 대를 속일지라도 슬퍼하거나 노여워하지 말라"라는 시를 남 겨 많은 이들에게 사랑받는 유명한 시인입니다. 동시에 그는 자존심이 세기로도 유명했습니다.

　1831년 1월 그는 상트페테르부르크 강변 눈밭에서 권총 에 맞아 죽었습니다. 이는 그의 자존심 때문이었습니다. 아 내 나탈리아와 단테스 사이에 염문설이 나돌자 그는 몹시 자 존심이 상해 단테스에게 결투를 신청했습니다. 주변 사람들 이 그를 말렸습니다.

　"여보게. 단테스는 장교 출신이야. 명사수라고. 결투를 포기하게나."

　그러나 자존심이 강한 푸시킨은 그 뜻을 꺾지 않았습니 다. 결국 결투 날이 되었고 그는 단테스 앞에 섰습니다. 대결

자존심이 강하다는 것은 경쟁의식,
열등의식, 우월의식이 강하다는 뜻입니다.
그래서 자존심이 강한 사람일수록
힘들고 고달픈 인생을 살게 됩니다.

중 그는 총알을 배에 맞고 피를 흘리며 쓰러졌습니다. 충분히 다른 방법도 있었을 텐데, 젊고 아까운 인재가 자존심 때문에 요절하고 만 것입니다.

얼마나 많은 사람이 알량한 자존심 때문에 불행하게 사는지 모릅니다. 자존심을 조금만 낮추면 행복할 텐데 그 쓸데없는 자존심 때문에 얼마나 많은 부부가, 얼마나 많은 연인이, 얼마나 많은 가정과 얼마나 많은 공동체가 위기에 처하는지 모릅니다.

우리를 불행으로 빠뜨리는 자존심, 자존심이란 무엇입니까? 자존심(pride)의 사전적 의미는 '남에게 굽히지 않고 스스로 자기를 높이는 마음'입니다. 남과 비교하며 자기를 높이는 것입니다.

이 자존심의 밑바탕에는 열등감과 교만이 깔려 있습니다. 즉 자존심이 강하다는 것은 경쟁의식, 열등의식, 우월의식이 강하다는 뜻입니다. 그래서 자존심이 강한 사람일수록 힘들고 고달픈 인생을 살게 됩니다.

자존심이 센 사람일수록 쉽게 지치고 쉽게 피곤하고 쉽게 상처받고 쉽게 스트레스를 받을 수밖에 없습니다. 그렇기 때문에 자존심 관리를 하지 않고 자존심을 계속 낮추지 않는다면 피곤한 인생, 불행한 삶을 벗어날 수가 없습니다.

그러면 어떻게 자존심을 낮출 수 있습니까? 자존감을 높이면 됩니다. 자존감이란 자아 존중감(self-esteem), 즉 자신을 존중하는 태도입니다. 자존심과 자존감은 반비례합니다. 자존감이 낮아지면 자존심이 세지고, 자존감이 높아지면 자존심이 약해집니다.

자존심은 사람들과의 비교, 사람들의 평가, 사람들의 대접에 의해 내 감정이 널을 뜁니다. 그러나 자존감은 사람들의 평가나 대우에 흔들리지 않습니다. 오직 하나님 앞에서의 내 존재 가치, 하나님의 형상을 닮은 하나님 자녀로서의 절대 가치에 근거를 둡니다.

상천하지(上天下地) 유일무이한 하나님의 걸작품으로서 나만의 독특성을 아는 것이 자존감입니다. 예수님의 생명으로 값을 치러 구원하신 하나님 자녀로서의 존귀함에 근거를 두는 것이 자존감입니다. 사람들의 평가에 휘둘리지 않고 하나님 아버지의 사랑의 눈으로 나를 바라보고 내 존재 가치를 깨닫는 것이 자존감입니다.

따라서 자존감이 높을수록 쓸데없는 자존심은 낮아질 수

그분의 숨결

밖에 없습니다. 자존감이 높은 사람일수록 주변의 평가나 대우에 연연하지 않습니다. 주변 환경에 쉬이 흔들리지 않습니다. 사람들로부터 쉽게 상처받거나 사람들로 인해 자신의 감정이 널뛰지 않습니다.

예수님께서는 이 땅에 오실 때 자존심을 다 내려놓으셨습니다. 반대로 자존감은 완전하셨습니다. 우리 주님은 사람들의 형편없는 대접에도 불구하고, 곧 온갖 무시와 모욕을 당하고 발가벗겨지고 채찍에 얻어맞고 십자가에 처참하게 매달림 당하셨음에도 불구하고 전혀 상처받지 않으셨습니다. 오직 하나님이 주신 사명에만 집중하셨습니다.

그렇다면 그분의 제자 된 우리도 인생을 피곤하게 하고 불행에 빠뜨리는 알량한 자존심을 버려야 하지 않겠습니까? 하나님 앞에서 내 존재가 얼마나 영광스럽고 존귀한지를 깨닫고 자존감을 계속 높여 가야 하지 않겠습니까? 그렇게 겸손하면서도 당당하게 인생을 살아야 하지 않겠습니까?

어느 날 한 사람이 비행기에 타려고 트랙에 올라서다가 활짝 웃는 승무원을 보게 되었습니다. 승무원의 손에는 장미꽃 한 송이가 들려 있었는데 그 꽃을 코에 대고 향기를 맡으

며 몹시 기뻐하고 있었습니다. 그래서 그가 먼저 인사를 건
넸습니다.

"와, 축하해요. 애인에게서 받으셨나 봐요?"

승무원이 답했습니다.

"아니에요. 제가 제 자신을 위해서 샀어요."

"그럴 만한 이유가 있었나요?"

"그럼요. 저는 살아 있는 제 자신이 너무너무 감사해요.
제가 하나님의 딸인 것이 너무나도 기쁘고요. 제 자신이 무
척이나 소중하고 사랑스럽고 자랑스러워요. 그래서 제가 제
자신을 축하해 주기 위해서 이 꽃을 샀어요."

네가 내 눈에 보배롭고 존귀하며 내가 너를 사랑하였은즉
내가 네 대신 사람들을 내어 주며 백성들이 네 생명을 대신
하리니 **사 43:4**

선지자 이사야는 하나님께서 자신의 백성을 보배롭고 존
귀하게 여기시며, 사랑의 눈으로 바라보신다고 말씀합니다.
그러니 누구보다 먼저 내 자신을 소중히 여겨야 합니다. 내
자신을 축복해야 합니다. 하나님께서 나를 어떻게 바라보시

는지를 늘 기억해야 합니다.

나는 하나님 앞에서 누구와도 비교할 수 없는 특별한 존재입니다. 그러니 더 이상 남과 비교하며 상처받지 맙시다. 주변 상황에 낙심하며 좌절하지도 맙시다. 하나님께서 나를 사랑하십니다.

주여, 우리를 괴롭게 하는 자존심을 버리게 하소서. 이제는 하나님의 자녀로서, 그 놀라운 사랑을 받은 자로서 겸손하고 당당하게 세상을 살게 하소서. 아멘.

설레는 부끄러움

오래 전 서울 목동에서 목회할 때 있었던 일입니다. 당시 교회에 30대 후반의 한 집사님이 있었습니다. 결혼해서 남편과 두 남매를 둔 평범한 신앙인이었습니다. 그 집사님은 성격이 아주 활달하고 구김살이 없는 순수한 면이 있었습니다. 그래서 저와도 허물없이 지내는 사이였습니다. 한번은 눈이 초롱초롱하고 상기된 얼굴로 이렇게 말했습니다.

"목사님, 글쎄요. 호호호, 말해야 하나?"

"집사님 왜요? 좋은 일 있나요?"

"부끄럽기도 하고 너무 신기해서 그래요."

"말하지 않으면 좀이 쑤실 것 같으니 어서 털어놓으세요."

"글쎄요. 슈퍼에서 물건을 사는데 한 남자가 자꾸 저를 쳐다보는 거예요. 처음에는 대수롭지 않게 여겼지요. 그런데 제게 점점 접근하는 거예요."

"그거 스토커 아니면 제비족 아닌가요?"

"저도 궁금해서 살짝살짝 그 사람을 살펴봤어요. 그런데 키도 크고 잘생기고 순진해 보이는 총각 같았어요. 그러다 눈이 마주치니 수줍어하고 얼굴이 붉어지는 거예요."

"그래서 어떻게 했어요?"

"물건을 사서는 얼른 슈퍼를 나와서 집으로 오는데 자꾸 따라오는 거예요. 호호호."

"어, 그래서요?"

"얼른 집으로 들어왔지요. 궁금해서 창밖으로 살짝 내다보니까 아파트 입구에서 얼마를 서성이다가 그냥 돌아가더라고요."

이야기를 전하는 집사님의 표정을 살피니 기쁨과 설렘이 흐르고 있었습니다. 그래서 '그 청년 눈이 삐었나 보네. 애 엄마인 아줌마를 따라오게'라는 말이 튀어나오려는 제 입을 얼른 막았습니다. 좋아서 흥분해 있는 사람에게 찬물을 끼얹고 싶지 않아서였습니다. 대신 이렇게 말했습니다.

"와, 집사님 좋겠어요. 애가 둘이나 있는데 총각이 반할 정도로 매력적이었나 봐요."

다 지나간 이야기이지만 지금도 생각나는 것은, 그날 초롱초롱 빛나던 집사님의 얼굴 때문입니다. 누군가가 나를 좋아하고 사랑해서 고백한다면 얼마나 기분 좋은 일일까요? 그것도 훌륭하고 멋진 사람이 그런다면 얼마나 신바람 날까요?

그런데 놀라운 것은 그런 일이 지금 우리에게 벌어지고 있다는 사실입니다. 단지 우리가 눈치를 못 채는 것일 뿐이고, 감각이 무디어 못 느끼는 것일 뿐입니다.

날마다 나를 지켜보며 사랑하는 분이 계십니다. 그 사랑이 얼마나 큰지 깨닫는다면 신바람 정도가 아니라 기절초풍하게 될 것입니다. 그분은 그 큰 사랑으로 모든 경계와 벽을 넘어 내 가까이 다가와 계십니다. 지금도 사랑을 고백하고 계십니다. 이 놀라운 사랑에 대해 덴마크 철학자 키에르케고르(S. Kierkegaard)는 한 비유로 설명을 해 주었습니다.

옛날 어느 나라에 왕자가 있었습니다. 그가 사냥을 나갔다가 시골 처녀를 보았는데, 그만 첫눈에 반하고 말았습니다. 왕자는 그녀를 진심으로 사랑하여 신부 삼기로 굳게 결심했습니다. 그래서 어떻게 하면 그녀의 마음을 움직여 사랑을 얻을 수 있을까 고민했습니다.

'신하를 거느리고 가서 위압적으로 구혼을 할까? 아니면 왕궁으로 초청해서 호화로운 궁전을 보여 주며 설득할까?'

　　　　　　　　　　　　　　그분의 숨결

그분은 그 큰 사랑으로
모든 경계와 벽을 넘어
내 가까이 다가와 계십니다.
지금도 사랑을 고백하고 계십니다.

왕자는 고민 끝에 완력과 유혹의 방법이 아니라 참사랑의 방법을 택했습니다. 그는 자신의 권력과 신분을 다 내려놓고 목동이 되어 그녀가 사는 마을로 내려갔습니다. 그리고는 우여곡절 끝에 마침내 그녀의 마음을 움직여 사랑을 얻게 되었습니다. 나중에 이 사실을 알게 된 그녀는 자신을 위해 왕궁을 버리고 시골 목동이 된 왕자의 사랑에 몹시 감격했습니다.

이 놀랍고도 희생적인 사랑이 바로 예수님이 나에게 보여 주신 사랑입니다. 그 사랑은 하늘의 하나님께서 사람이 되어 땅으로 내려오실 만큼 진실한 사랑입니다. 창조주와 피조물의 벽, 하늘과 땅의 벽, 영계(靈界)와 물질계의 벽, 하나님과 인간의 벽 등 모든 벽을 넘어오실 만큼 뜨거운 사랑입니다. 이것이 나를 향한 주님의 사랑입니다.

더욱 놀라운 것은 그 사랑으로 인하여 내 모든 죗값이 십자가에서 해결되었다는 것입니다. 그야말로 그 무엇과도, 그 누구와도 비교할 수 없는 '절대 사랑'입니다. 어거스틴(Augustin)은 이 사랑을 두고 "하나님은 마치 이 세상에 나 홀로 존재하는 것처럼 나를 사랑하신다"라고 말했습니다. 주님의 이 절대 사랑을 깨달을 때 우리의 인생은 바뀔 수밖에 없습니다.

그분의 숨결

대학 생활 4년 동안 저는 선교단체 UBF에서 활동했습니다. 나름대로 열심히 성경 공부를 하고 열심히 충성했습니다. 그러던 어느 날 하나님의 이 절대 사랑을 깨닫게 되었습니다. 저를 향한 주님의 사랑으로 벅차오르는 감격에 숨을 쉴 수 없을 정도였습니다.

'하나님은 왜 나를 이렇게 사랑하시는 걸까? 내 어떤 면을 그렇게 좋아하시는 걸까? 나는 너무나 부족한 못난이인데.'

주님이 절 사랑하시고 기뻐하시는 것은 제가 잘나서도 아니고 어떤 자격을 갖추어서도 아니었습니다. 그저 제 존재 자체를 기뻐하셨습니다. 주님은 저를 있는 그대로, 생긴 그대로, 못난 그대로 사랑하셨습니다. 그러니 어찌 기뻐하지 않을 수 있겠습니까? 그래서 저는 주님께 제 인생을, 제 삶 전체를 몽땅 드리기로 굳게 약속했습니다.

그러한 이유로 저는 성경 안에서 아가서를 특히 좋아합니다. 남녀의 사랑 이야기가 담긴 아가서를 읽을 때마다 저를 향한 주님의 절대 사랑을 느낄 수 있기 때문입니다. 그중에서도 제일 좋아하는 것이 4장입니다.

내 누이, 내 신부야 네가 내 마음을 빼앗았구나 네 눈으로

한 번 보는 것과 네 목의 구슬 한 꿰미로 내 마음을 빼앗았
구나 내 누이, 내 신부야 네 사랑이 어찌 그리 아름다운지
네 사랑은 포도주보다 진하고 네 기름의 향기는 각양 향품
보다 향기롭구나 내 신부야 네 입술에서는 꿀 방울이 떨어
지고 네 혀 밑에는 꿀과 젖이 있고 네 의복의 향기는 레바
논의 향기 같구나 내 누이, 내 신부는 잠근 동산이요 덮은
우물이요 봉한 샘이로구나 **아 4:9~12**

주님은 이렇게 제 전부를 다 좋아하십니다. 저도 그런 주
님의 모든 것이 다 좋습니다. 저만 그런 것이 아닙니다. 모든
그리스도인은 주님과 이런 관계를 맺고 있습니다. 깊고 깊은
사랑으로 주님과 우리는 맺어져 있습니다. 지금도 주님은 우
리를 너무너무 사랑하십니다. 그 사랑을 떠올려 봅시다. 그
리고 그 사랑 안에서 날마다 숨 쉬는 순간마다 살아갑시다.

주여, 아무 자격이 없는 우리를 사랑해 주시니 감사합
니다. 날마다 숨 쉬는 순간마다 그 사랑을 잊지 않고
감격하며 그 사랑 안에서 살아가게 하소서. 아멘.

그분의 숨결

위대한 인내

　하루는 딸에게 불같이 화를 내었습니다. 저도 모르게 순간적으로 화가 치밀어 올라 소리를 버럭 질러 대고 말았습니다. 그날부터 친밀하고 다정했던 우리 사이가 깨져 버렸습니다. 한동안 얼마나 불편하고 괴로워야 했던지, 비싼 대가를 지불해야 했습니다. 많이 성숙해지고 다듬어진 줄 알았는데 모든 게 다 허물어진 것 같았습니다.

　'아, 나는 아직도 멀었구나. 태생이 조급하고 불같은 이 성깔이 문제로구나.'

　오래 참지 못하는 제 자신에게 또 한 번 실망하고 말았습니다. 춘추시대 말기에 활동한 중국의 사상가 공자는 이런 제게 유용한 가르침을 남겼습니다. 그는 비록 하나님을 모르는 사람이었지만, 일반 은혜의 차원에서 하나님은 그에게 대단한 지혜와 통찰력을 주셨습니다. 그리하여 그의 가르침은 지금까지 남아 우리에게 많은 교훈을 주고 있습니다.

하루는 그의 제자 자장이 공자에게 물었습니다.

"세상을 살아가는 데 가장 중요한 미덕이 무엇입니까?"

"모든 행실의 근본은 참는 것이 제일이니라."

자장이 이어서 물었습니다.

"어찌해서 참아야 합니까?"

"천자가 참으면 나라에 해가 없을 것이오, 제후가 참으면 땅이 커질 것이오, 벼슬아치가 참으면 집이 부할 것이오, 부부가 참으면 일생을 해로할 것이오, 벗끼리 참으면 서로 명예를 떨어뜨리지 않을 것이오, 자신이 참으면 화가 없을 것이니라."

그러자 자장이 다시 물었습니다.

"참지 않으면 어떻게 되겠습니까?"

"천자가 참지 않으면 나라가 빈토로 변할 것이오, 제후가 참지 않으면 몸조차 없어질 것이오, 벼슬아치가 참지 않으면 병에 걸려 죽을 것이오, 부부가 참지 않으면 자식이 외로울 것이오, 벗끼리 참지 않으면 정의가 없어질 것이오, 자신이 참지 않으면 근심이 없어지지 않을 것이니라."

구구절절 옳은 말입니다. 그동안 저는 순간을 참지 못하여 얼마나 많은 실수를 하고 일을 그르쳤는지 모릅니다. 본래부터 조급하고 화를 잘 내고 욱하는 성미 때문에 고생을 참 많이 해 왔습니다. 불같이 성질을 부리고는 금세 가슴을 치며 후회하고, 회개도 얼마나 많이 했는지 모릅니다. 그러다 보니 주변 사람들, 특히 아내에게 상처를 입혔습니다.

옛날보다는 많이 변했고 성숙한 줄 알았습니다. 다 착각이었습니다. 가만 보니 제 속에 여전히 분노의 시한폭탄이 휴화산처럼 내재되어 있음을 알게 되었습니다. 언제 어디서 저도 모르게 터질지 모릅니다. 그야말로 위험인물입니다.

알렉산더 대왕은 가장 사랑하는 친구이자 아끼는 심복을 한순간의 취중 분노 때문에 단칼에 베어 죽였습니다. 친구의 직언에 분노가 폭발해서 칼을 휘둘렀던 것입니다. 그는 그 일로 대성통곡하며 평생을 후회했다고 합니다.

이렇듯 분노는 우리 삶에 후회와 눈물을 가져다줍니다. 성경도 그 사실을 분명하게 말씀합니다.

노하기를 더디 하는 자는 용사보다 낫고 자기의 마음을 다

스리는 자는 성을 빼앗는 자보다 나으니라 잠 16:32

알렉산더는 천하를 정복했을지라도 자기 마음 하나를 다스리지 못했습니다. 그는 분노 조절을 못 하는 위험인물이며 졸장부였던 것입니다. 예수님은 그와 달랐습니다. 주님은 진정으로 위대한 것이 무엇인지를 보여 주셨습니다.

> 믿음의 주요 또 온전하게 하시는 이인 예수를 바라보자 그는 그 앞에 있는 기쁨을 위하여 십자가를 참으사 부끄러움을 개의치 아니하시더니 하나님 보좌 우편에 앉으셨느니라
>
> 히 12:2

예수님은 모든 누명, 모든 모함, 모든 계략을 다 참아 내셨습니다. 그 끔찍한 채찍을 맞으면서도 끝까지 육체의 고통을 참으셨습니다. 벌거벗겨지는 정신적 수치, 가장 끔찍하고 무섭고 고통스러운 십자가의 죽음까지, 무엇보다도 하나님 아버지께 버림받는 지옥의 고통조차 묵묵히 다 견디어 내셨습니다.

누구를 위하여, 무엇을 위하여 이 모든 것을 참으셨습니까? 바로 '우리'입니다. 우리의 죗값을 지불하고, 우리의 형벌을 대신하는 인내였습니다. 주님의 그 위대한 인내는 오늘도

계속되고 있습니다. 망나니 같은 우리를 포기하지 않으시고, 엉터리 같은 우리에게 분노하지 않으시고, 끝까지 참고 견디고 계십니다. 만일 주님이 우리의 소행대로 불같이 화를 내신다면 우리는 어떻게 되겠습니까? 순간의 재로 사라지고 말 것입니다.

> 여호와는 긍휼이 많으시고 은혜로우시며 노하기를 더디 하시고 인자하심이 풍부하시도다 자주 경책하지 아니하시며 노를 영원히 품지 아니하시리로다 우리의 죄를 따라 우리를 처벌하지는 아니하시며 우리의 죄악을 따라 우리에게 그대로 갚지는 아니하셨으니 이는 하늘이 땅에서 높음 같이 그를 경외하는 자에게 그의 인자하심이 크심이로다 시 103:8~11

우리를 향한 주님의 이 무한하신 은혜, 이것을 무엇으로 어떻게 보답해 드려야 되겠습니까? 평생토록, 아니 영원토록 이 목숨 다해 주님을 경배하며 송축하고 헌신하며 살아야 합니다. 나아가 억만 분의 일이라도 주님께 빚을 갚는 심정으로 우리도 이웃을 향한 화를 거두어들이고 온유하게 살아야

어떤 방법이든 좋습니다.
순간의 분노를 누그러뜨리는 나만의 방법을 찾아야 합니다.
그다음에 주님이 지신 십자가를 붙드는 것입니다.

합니다.

순간적으로 화가 날 때 어떤 사람은 열을 센다고 합니다. 어떤 사람은 그 자리를 즉시 피한다고 합니다. 어떤 사람은 얼른 껌을 씹는다고 합니다. 어떤 사람은 입에 조약돌을 집어넣는다고 합니다. 어떤 사람은 5초 동안 이를 악물고 버틴다고 합니다.

어떤 방법이든 좋습니다. 순간의 분노를 누그러뜨리는 나만의 방법을 찾아야 합니다. 그다음에 주님이 지신 십자가를 붙드는 것입니다. 아무리 화가 나도 주님이 참아 내신 십자가를 꽉 붙들고 단 몇 초 만이라도 견뎌 내는 것입니다.

너희 안에 이 마음을 품으라 곧 그리스도 예수의 마음이니

빌 2:5

주여, 우리 안에 숨어 있는 분노를 치유하여 주소서.
언제든 어디서든 주님의 마음을 품게 하소서. 날마다
인내하고 사랑하며 온유하게 살게 하소서. 아멘.

가슴앓이 사랑

아들이 막 말문이 트일 무렵, "엄마, 아빠, 맘마" 등을 곧잘 할 때였습니다. 저를 향해 "아빠 아빠" 하는 소리를 들으면 얼마나 기쁘고 행복했는지 모릅니다.

당시 우리 가정은 화곡동에 있는 아파트 1층에 살고 있었습니다. 길가라서 창문을 열면 사람들이 지나다니는 것을 바로 볼 수 있었습니다. 한번은 아들이 열린 창문으로 지나가는 사람을 보고 "아빠 아빠" 하는 것이었습니다. 처음에는 웃어넘겼습니다. 이제 아이가 남자와 여자를 구분하는구나 생각하며 기특하게 여겼습니다.

그런데 두고 보니 아무에게나 계속 그러는 것이었습니다. 남자만 보면 무조건 고사리 같은 손가락을 가리키면서 "아빠 아빠" 불렀습니다. 그것도 제 앞에서 말입니다.

그냥 두면 안 되겠다 싶어서 아빠가 누구인지 분명하게 알려 주기로 했습니다. 어떻게 알려 줄 수 있을까 고민하다가 하나님께서 하신 방법을 참고하기로 했습니다. 하나님께서는 철없는 인간들, 하나님을 몰라보는 인간들을 향해 어떻게 하셨습니까?

> 너를 만들고 너를 모태에서부터 지어 낸 너를 도와 줄 여호와가 이같이 말하노라 나의 종 야곱, 내가 택한 여수룬아 두려워하지 말라 사 44:2

> 나는 여호와라 나 외에 다른 이가 없나니 나밖에 신이 없느니라 너는 나를 알지 못하였을지라도 나는 네 띠를 동일 것이요 사 45:5

> 너희는 옛적 일을 기억하라 나는 하나님이라 나 외에 다른 이가 없느니라 나는 하나님이라 나 같은 이가 없느니라 사 46:9

하나님께서는 자신이 진정 하나님이심을, 하나님밖에 없음을 반복해서 단호하게 알려 주셨습니다. 저도 하나님을 따라서 아들에게 단호히 말했습니다. "아들아, 내가 너의 아빠

란다. 나 외에는 다른 아빠가 없단다. 내가 너를 낳았단다. 그러니 너는 나 외 다른 사람을 아빠로 부르지 말거라.”

물론 아직 철없는 아들 녀석이 제 말귀를 알아들을 리 없었습니다. 그렇게 저는 한동안 짝사랑을 할 수밖에 없었습니다. 부모의 자식 사랑은 평생 짝사랑일 수밖에 없습니다.

오래전 홀로 행상을 하며 어렵게 딸 하나를 키우는 어머니가 있었습니다. 딸이 고등학교 2학년이 되어 수학여행을 가게 되었습니다. 딸은 엄마에게 수없이 다짐을 시켰습니다.

“엄마, 이번 수학여행은 안 가면 안 돼. 아주 중요한 여행이야. 꼭 가야 돼.”

“알았다. 엄마가 꼭 수학여행비를 마련해 주마.”

그러나 어머니는 돈을 마련하지 못했고 딸은 수학여행을 갈 수 없었습니다. 철이 덜 든 딸은 너무 화가 나서 집을 뛰쳐나가 버렸습니다. 나가면서 엄마에게 할 말 못할 말 다 쏟아내고 말았습니다.

“잘 키우지도 못할 걸 왜 낳았어? 왜 나를 낳아 괴롭혀? 왜 사랑하지도 못할 걸 낳았냐고!”

아무리 철이 없어도 그렇지 어떻게 이런 막말을 할 수 있는 것입니까? 지금까지 엄청난 사랑을 받고 살아왔으면서도 그것을 모르는 것입니다. 어머니의 헌신적인 사랑을 모르니 원망과 불평으로 가득 찬 것입니다. 그 사랑을 깨닫지 못하니 부모 입장에서는 보통 답답한 노릇이 아닐 것입니다. 그 사랑을 모르니 자식 입장에서는 불만스럽고 못마땅한 것 투성이였을 것입니다. 이렇게 짝사랑은 아프고 슬픈 사랑입니다. 부모의 사랑은 이렇듯 슬픈 짝사랑으로 끝나기가 쉽습니다.

하나님도 이런 사랑의 가슴앓이를 하고 계십니다. 하나님이 베푸신 사랑의 손길이 아니면 세상이 어떻게 존재할 수 있습니까? 그 사랑이 천지에 쏟아지고 있지 않습니까? 그 은혜가 파도처럼 넘쳐 오고 있지 않습니까? 저 광활한 우주에도, 발밑의 풀 한 포기에도, 들꽃 한 송이에도, 볼을 스치는 산들바람에도 하나님의 손길이 안 미친 데가 없습니다.

이 하나님의 사랑이 얼마나 크고 깊고 높은지 자신의 유일한 아들 예수 그리스도까지 우리의 희생양으로 십자가에 내어 주셨지 않습니까? 이보다 더 큰 사랑이 어디 있습니까? 그야말로 경천동지(驚天動地)할 사랑 아닙니까?

그러나 하나님의 사랑이 아무리 크고 놀라워도 우리가 그 사랑을 모르면, 그 사랑을 받아들이지 않으면, 결국 하나님

의 사랑도 슬픈 짝사랑으로 끝나 버리고 마는 것입니다. 이렇게 짝사랑은 매우 안타까운 사랑입니다.

독일 철학자 프리드리히 니체(Friedrich Nietzsche)가 루 살로메라는 여인을 사랑하게 되었습니다. 첫눈에 반해서 한동안 끙끙거리고 앓다가 1882년 용기를 내어 사랑을 고백하게 되었습니다.

"우리가 어느 별에서 내려와 여기서 만나게 되었지요. 그대를 사랑합니다. 우리는 운명입니다."

그때 니체의 나이가 36살이었고 살로메는 21살이었습니다. 그러나 안타깝게도 니체의 사랑은 단칼에 거절되었습니다. 그는 사랑이 컸던 만큼 깊은 상처를 받고 절망에 빠집니다. 그리고 자살을 시도합니다. 그것도 세 번씩이나. 이 일로부터 받은 영감을 바탕으로 그는 필생의 저서『차라투스트라는 이렇게 말했다』라는 책을 남겼습니다.

니체는 평생 독신으로 살았습니다. 아마도 그 여인을 못 잊었기 때문일 것입니다. 이후 그는 정신착란증 환자가 되었고 정신병원을 드나들다가 여생을 마쳤다고 합니다. 결국 니체는 한 여인을 죽도록 짝사랑하다가 상사병에 걸려 정신착란증으로 죽게 된 것이 아닐까 하는 생각이 듭니다.

그 사랑을 받아들이지 않으면,
결국 하나님의 사랑도 슬픈 짝사랑으로
끝나 버리고 마는 것입니다.

이렇듯 짝사랑은 슬프고 아프고 힘들고 비극적인 것입니다. 이루지 못한 사랑, 상대가 받아들이지 않는 사랑, 거부된 사랑은 얼마나 가슴 아픈 비극입니까? 그런데 하나님이 나를 향하신 사랑, 그 놀라운 사랑이 혹시 짝사랑이 되고 있지는 않습니까? 나를 향한 하나님의 사랑이 얼마나 크고 강렬한지 얼마나 높고 깊은지 알고 믿고 받아들이고 있습니까?

중요한 것은 하나님의 사랑이 없다면 이 세상도, 온 만물도, 우리 인생도 존재할 수 없다는 것입니다. 하나님의 사랑에 힘입지 않고는 우리의 구원도, 천국의 소망도, 영생의 행복도 불가능하다는 것입니다. 그러니 하나님의 사랑이 더 이상 짝사랑이 되지 않도록, 하나님이 더 이상 상처받지 않으시도록 그 사랑을 받아들여야 하지 않겠습니까?

주여, 우리를 사랑하시는 그 큰 사랑을 깨닫게 하소서. 그리하여 우리도 하나님을 사랑하며, 그 사랑을 누리고 나누고 전하며 살아가게 하소서. 아멘.

최고의 행복, 블리스

말기암 환자 K씨가 교회에 등록을 했습니다. 처음 만나던 날 얼굴이 몹시 창백하고 몸이 꼬챙이처럼 말라서 걷는 것도 힘들어 보였습니다. 43살이 되기까지 열심히 자기 삶을 살았던 그 자매는 신앙생활이 처음이라고 했습니다.

자매가 매우 위독하다는 소식을 듣고 병원으로 달려갔습니다. 눈빛이 너무나 슬퍼 보였습니다. 외로움과 고독, 두려움과 공포로 가득했습니다. 자매는 숨을 몰아쉬며 작은 목소리로 힘겹게 말했습니다.

"목사님, 천국 가게 기도해 주세요."

저는 지금도 그날 그 눈빛을 잊을 수가 없습니다. 한창인 나이에 임종을 앞두고 혼자 가는 죽음의 길이 얼마나 무섭고 쓸쓸하고 불안하고 두려웠을지 헤아려지지 않습니다. 자매에게 저린 가슴으로 복음을 전한 뒤에 저를 따라 고백하며 예수님을 영접하게 했습니다. 그리고 간절히 안수기도를 했습니다.

희생양 되신 예수님의 십자가 보혈로 억만 죄를 깨끗이 씻어 달라고, 전능하시며 선하신 목자 예수님께서 이 영혼을 꼭 품에 안아 천국으로 인도해 달라고, 천군 천사들이 자매의 영혼을 호위해서 영생의 세계로 인도해 달라고 간절히 기도했습니다.

기도를 마친 후 다시 보니 뭔가 달라졌습니다. 자매의 얼굴이 환하게 빛났습니다. 고통으로 일그러졌던 얼굴에서 밝은 미소가 나왔습니다. 눈에서 고요와 평화, 희망의 빛이 났습니다. '아, 천국 소망을 가진다는 것이 이렇게 중요하구나' 하는 생각이 들었습니다. 사람이 완전히 달라졌습니다. 집으로 오는 제 발걸음도 덩달아 가벼웠습니다. 얼마 안 있어 그 자매가 평화롭게 운명했다는 소식을 들었습니다.

많은 사람이 죽음의 공포 속에 살아갑니다. 죽음에 대해 언급하기조차 두려워합니다. 또 어떤 사람들은 죽음이 나와 아무 상관없는 남의 일로만 생각하려고 합니다. 자신은 죽지 않을 것처럼, 죽음과 관계없는 것처럼 살아갑니다. 그러나 어느 누구도 죽음을 피할 수는 없습니다.

죽음은 어느 날 갑자기 찾아올 것입니다. 며칠 여행길도 이것저것 준비할 것이 많습니다. 그렇다면 영원한 여행길, 돌아올 수 없는 마지막 길, 이 죽음의 길을 회피만 하지 말고 미리 준비해야 하지 않겠습니까?

로마 제국 시절 전쟁에서 승리하고 돌아오는 장군은 성대한 개선 행진을 했습니다. 수많은 사람의 환호와 찬사를 받으면서 성으로 들어올 때 개선장군은 얼마나 위풍당당하고 자신만만했겠습니까? 그런데 이때, 아주 좋은 로마 제국의 관습이 작동했습니다. 그것은 개선장군 뒤에서 한 부하가 외치는 구호였습니다.

"메멘토 모리, 메멘토 모리."

그 뜻은 '당신도 죽는다는 사실을 기억하라'입니다. 지금 승리에 도취하여 한껏 영웅심으로 들떠 있는 장군에게, 또 그것을 보는 무리에게 "메멘토 모리, 당신도 죽는다는 것을 기억하시오"라고 말하는 것입니다.

어쩌면 이런 태도가 로마 제국을 천 년이나 유지시킨 비결이 아닌가 하는 생각이 듭니다. 누구든 죽음을 염두에 두고 산다면 겸손하고 진지해지지 않겠습니까? 죽음을 의식하는 만큼 삶이 소중하고 가치 있지 않겠습니까?

지혜자의 마음은 초상집에 있으되 우매한 자의 마음은 혼 인집에 있느니라 전 7:4

서구에서는 일찍이 1970년대부터 '죽음'이라는 주제를 더 이상 터부시하지 않고 공론화했습니다. 특히 죽음 준비 교육을 학교 교육의 영역에 포함시켰습니다. 덕분에 많은 학생의 가치관이 달라지고 삶의 태도가 바뀌었습니다. 덤으로 학원 폭력, 자살, 탈선, 왕따 등 여러 청소년기 문제들도 상당 부분 해소되었습니다.

그러나 이보다 더욱 중요한 것이 있습니다. 그것은 죽음 문제에 대한 정답을 얻는 것입니다. 죽음에 대해 아무리 교육하고 고민해도 죽음이 해결될 순 없습니다. 인생의 가장 큰 숙제, 가장 시급하고 중차대한 문제가 무엇입니까? 죽음 아니겠습니까? 이 죽음에 대한 해답을 얻지 못한 채 겸손하고 진지하게만 살았다면 무슨 의미가 있겠습니까?

옛 소련의 독재자 스탈린(Joseph Stalin)의 딸이 미국 뉴스위크지에 기고한 스탈린의 임종 장면은 이렇습니다.

아버지는 최후의 순간이 다가오자 갑자기 눈을 크게 뜨고

그분의 숨결

방 안에 있는 사람들을 노려보았다. 노기에 찬 눈이었다. 아버지를 바라보기에도 매우 무서웠다. 그리고 왼손을 들고 무엇을 가리키는 듯했다. 분명히 죽음을 두려워하는 눈빛이었다. 팔이 떨어지자 곧 영면했다.

스탈린, 그는 무소불위의 권력을 휘둘렀지만 죽음 문제에 답을 얻지 못했습니다. 두려움과 공포 속에서 죽음을 맞이했습니다. 그러나 제가 아는 한 선배 목사님은 달랐습니다. 그분이 세상을 떠날 때 남기셨던 고백은 지금도 가슴속에 선명히 새겨져 있습니다.

믿음이 약해지고 하나님이 느껴지지 않을 때에는 죽음이 굉장히 두렵고 힘들었어요. 그런데 믿음의 줄을 다시 잡고 예수님을 의지하니 그렇게 평안할 수가 없었지요. 죽음을 종말로 생각할 때는 슬프고 공포스러웠지만, 선한 목자 예수님의 인도를 받아 단지 영생의 세계로 장소를 이동한다고 생각하니 설레는 마음까지 들었어요. 그것도 더 좋은 장소, 행복한 곳으로 옮긴다니 오히려 기대감이 생기고 빨리 가고 싶다는 열망까지 생겼어요. 고통 많은 괴로운 인생길

을 빨리 벗어나서, 저 빛나는 세계를 사모하는 마음으로 행
복에 겨웠습니다.

인간이 느끼는 최고의 행복을 블리스(bliss)라고 하는데,
목사님은 죽음 앞에서도 바로 그 행복을 누린 사람이었습니
다. 이 블리스의 행복은 죽음의 슬픔, 죽음의 공포, 죽음의 두
려움도 이겨 내는 행복입니다. 죽음 문제, 내세 문제, 인생의
모든 문제에 답을 찾을 때 누릴 수 있는 행복입니다. 그 정답
은 바로 예수 그리스도입니다. 예수님께서 말씀하셨습니다.

예수께서 이르시되 나는 부활이요 생명이니 나를 믿는 자
는 죽어도 살겠고 무릇 살아서 나를 믿는 자는 영원히 죽지
아니하리니 이것을 네가 믿느냐 요 11:25~26

예수께서 이르시되 내가 곧 길이요 진리요 생명이니 나로
말미암지 않고는 아버지께로 올 자가 없느니라 요 14:6

우리는 예수님을 믿음으로 인생 문제, 죽음 문제, 죄 문
제, 내세 문제, 모든 문제를 해결받은 사람들입니다. 그 사실

을 늘 기억해야 합니다. 모든 문제의 해법이시며 해답이신 예수 그리스도께 집중할수록 주님과 연합할수록 성령으로 충만할수록 블리스, 최고의 행복을 누릴 수 있습니다.

홀로 사는 한 권사님의 이야기입니다. 권사님이 미국에 사는 딸의 초청으로 비행기를 탔습니다. 그 비행기가 태평양 상공을 날아갈 때 난기류를 만나 한동안 심하게 흔들렸습니다. 물건이 떨어지고 굴러다녀 비행기 안은 아수라장이 되고 사람들은 공포 속에서 비명을 질러 댔습니다.

그런데 그 권사님은 조금의 미동도 없이 조용히 눈을 감고 기도하고 있는 것이었습니다. 비행기 안이 다시 평안해지자 옆 승객이 권사님에게 물었습니다.

"아주머니, 이 난리 통에 어쩜 그렇게 태연하실 수 있나요?"

권사님은 차분하게 말했습니다.

"제게는 두 딸이 있거든요. 큰딸은 지금 천국에 살고 있고, 작은딸은 지금 미국에 살고 있어요. 만약 지금 죽으면 큰딸 곁으로 가서 좋고, 살면 미국 작은딸 곁에 가서 좋고, 저는 이래도 좋고 저래도 좋아요. 그래서 저는 하나님께 기도했어요. 선하신 목자 예수님, 주님 뜻대로 저를 인도해 주세요 하고요."

이 권사님을 세상 그 무엇이 흔들 수 있을까요? 인생 모든 문제의 해법은 오직 예수 그리스도, 우리 주님뿐이십니다. 예수님은 언제나 어디서나 우리를 책임지고 인도하시는 참으로 선한 목자이십니다. 이 세상에 살 때나 저 세상에 갈 때나 예수님만이 영원하신 참된 목자이십니다. 그 답을 알면 죽음 앞에서도, 삶의 그 어떤 문제 앞에서도 흔들리지 않습니다. 그러니 예수님을 꼭 붙들고 삽시다.

주여, 우리에게 구원을 주시고 영생을 허락하시니 감사합니다. 언제나 인생 모든 문제의 해답 되시는 주님을 붙들고 늘 담대하고 강건하게 살게 하소서. 아멘.

하늘나라 보석

한 보석 전문가가 있었습니다. 어느 날 그가 수석 전시장을 방문했습니다. 이곳저곳 둘러보던 중에 한 수석 앞에서 깜짝 놀랐습니다. 그 수석은 커다란 다이아몬드 보석이 박혀 있는 원석이었기 때문입니다. 그는 흥분해서 주인에게 물었습니다.

"이 수석 얼마입니까?"

가격을 들은 그는 너무나 싼 값에 또 한 번 놀랐습니다. 주인은 비싸서 그런 줄 알고 친절하게 대답했습니다.

"반으로 깎아 드릴 수 있습니다."

흥분을 감추면서 보석 전문가는 얼른 그 수석을 샀습니다. 그날 밤 잠을 이룰 수가 없었습니다. '이런 횡재가 있다니, 이게 꿈인가 생시인가?' 그는 온갖 정성을 다하여 밤낮으로 보석을 갈고 닦으며 세공했습니다. 그리고 드디어 아름답고 찬란한 보석 작품을 만들어 냈습니다. 값으로 환산할 수

창세기를 보면 하나님께서는
인간을 하나님의 형상대로, 피조물 중에 가장
으뜸 되는 존귀한 존재로 만드셨습니다.

없는 최고의 명품이 되었습니다. 세상에 유일무이한 최고의
걸작품이 된 것입니다.

　인간은 모두 보석 원석입니다. 겉으로 볼 때는 그저 싸구
러 돌멩이처럼 보일 수 있습니다. 길가에 흔히 나뒹구는 쓸
모없고 별 볼 일 없는 짱돌이나 잡석처럼 보일 수도 있습니
다. 그래서 서로를 무시하고 함부로 대하고 발로 차고 던지
며 서로 가지고 놀 수도 있습니다.

　실제로 대부분의 사람들은 자신이 얼마나 존귀하고 고귀
하며 엄청난 존재 가치가 있는지 모릅니다. 그래서 자신을
함부로 취급하고, 열등의식과 낮은 자존감으로 자기 비하와
혐오를 일삼습니다. 자신을 스스로 학대하며 비참하게 살아
가고 있습니다.

　그러나 하나님께서는 다르게 말씀하십니다. 처음부터 우
리 인간을 고귀한 존재로 계획하시고 창조하셨습니다. 창세
기를 보면 하나님께서는 인간을 하나님의 형상대로, 피조물
중에 가장 으뜸 되는 존귀한 존재로 만드셨습니다.

　하나님이 이르시되 우리의 형상을 따라 우리의 모양대로

우리가 사람을 만들고 그들로 바다의 물고기와 하늘의 새와 가축과 온 땅과 땅에 기는 모든 것을 다스리게 하자 하시고 (중략) 하나님이 그들에게 이르시되 생육하고 번성하여 땅에 충만하라, 땅을 정복하라, 바다의 물고기와 하늘의 새와 땅에 움직이는 모든 생물을 다스리라 하시니라 창 1:26~28

시편은 한술 더 떠서 하나님이 인간을 하나님보다 조금 못한 존재로 만드시고 영화와 존귀로 관을 씌우셨다고 말씀합니다.

그를 하나님보다 조금 못하게 하시고 영화와 존귀로 관을 씌우셨나이다 시 8:5

비록 우리 인간이 마귀에게 속아 타락했고, 형편없는 죄덩어리들이 되었지만 하나님 보시기에 우리의 본질은 변하지 않았습니다. 우리는 여전히 하늘나라 보석들입니다. 하나님 나라의 보배들이며 영원불멸의 위대한 존재들입니다.

우리 존재가 얼마나 가치 있으면, 하나님께서 우리를 자녀 삼으시려고 자기 아들 독생자까지 아낌없이 속죄제물로 내어 주셨겠습니까? 우리 존재가 얼마나 가치 있으면, 하나님이신 예수님이 인간 몸으로 오셔서 공생애를 사시고 십자가에서 자기 생명까지 바치셨겠습니까? 우리 존재가 얼마나 가치 있으면, 성령 하나님이 우리 속에 거하시며 성전 삼으시겠습니까? 이렇게 성삼위 하나님은 우리를 지극정성으로 특별 대우하시는데, 나는 나 자신을, 또 내 이웃을 어떻게 대하고 있습니까?

나는 흔해 빠진 돌멩이가 아닙니다. 나는 이리저리 발부리에 차이는 잡석도 아닙니다. 나는 하나님을 닮은 하늘나라 보석입니다. 남이 나를 어떻게 취급하든, 내 처지와 형편이 어떠하든, 나는 천지간에 유일무이한 하나님의 보물입니다. 상천하지에 비교할 것이 없는, 비교될 수 없는 하나님의 걸작품입니다.

물론 아직은 덜 다듬어진 원석에 불과할지도 모릅니다. 그래도 염려할 필요가 없습니다. 예수님은 하나님 나라의 보석 전문가이십니다. 예수님은 잃어버린 원석을 찾아 다듬고 세공해서 하나님 나라의 빛나는 보석 작품으로 만들기 위해서 이 땅에 오셨습니다.

나는 예수님께 발견되어지고 예수님 손에 들려진 원석입니다. 아직은 덜 다듬어지고 덜 세공된 상태이지만, 그래서 어설프지만, 주님은 결국 나를 하나님 나라의 명품으로 만들어 주실 것입니다. 하늘나라 빛나는 걸작품으로 영광스러운 하나님의 형상이 회복되는 위대한 작품으로 만들어 가실 것입니다.

주여, 거칠고 모난 우리를 다듬어 주소서. 우리를 하늘나라의 멋진 작품으로 다듬어 하나님의 영광을 드러내며 영원무궁토록 복락을 누리게 하소서. 아멘.

소풍 온 게 아닙니다

나 하늘로 돌아가리라

새벽빛 와 닿으면 스러지는

이슬 더불어 손에 손을 잡고,

나 하늘로 돌아가리라

노을빛 함께 단 둘이서

기슭에서 놀다가 구름 손짓하면은,

나 하늘로 돌아가리라

아름다운 이 세상 소풍 끝내는 날,

가서, 아름다웠더라고 말하리라. **천상병의 시, 귀천**

젊은 날 천상병 시인의 시를 참 좋아했습니다. 시인은 우리가 이 땅에 소풍 와서 잘 놀다가 소풍 끝나는 날 하늘로 돌아간다고 이야기합니다. 시에 담긴 심상이 밝고 순수한 동심의 세계처럼 느껴져 기분이 좋습니다.

그러나 한편 생각해 보면 우리 인생은 그리 단순하지 않습니다. 순진무구한 동심의 세계도 아닙니다. 우리는 이 세상에 놀러 온 것도, 소풍 온 것도 아닙니다. 우리는 그렇게 가볍고 한가한 별 볼 일 없는 존재가 아닙니다.

실존주의 철학자 마르틴 하이데거(Martin Heidegger)는 인간을 가리켜 '내던져진 존재'라고 말했습니다. 그러나 우리는 그렇게 내던져진 존재가 아니요, 어쩌다 태어난 우연한 존재도 아니요, 부모님의 불장난으로 태어난 존재도 아니요, 더욱이 아메바에서 원숭이를 거쳐 진화된 존재도 아니요, 태어나지 말았어야 할 오발탄 같은 존재는 더더욱 아닙니다. 인생이 그렇게 하찮은 것이라면 얼마나 허무하고 공허하겠습니까?

성경을 읽으면 우리 인생이 얼마나 존귀하고 소중한지를 알 수 있습니다. 나는 누구인가? 내 출처, 내 시작은 무엇인가? 나는 왜 존재하고 무엇 때문에 살아가는가? 이런 물음의 답들이 성경에 나오는데 그것을 알게 되면 기절초풍할 수밖

그분의 숨결

나는 누구인가?
내 시작은 무엇인가?
왜 존재하고 무엇 때문에
살아가는가?
이런 물음의 답들이 성경에
나오는데 그것을 알면
기절초풍할 수밖에 없습니다.

에 없습니다.

> 곧 창세전에 그리스도 안에서 우리를 택하사 우리로 사랑
> 안에서 그 앞에 거룩하고 흠이 없게 하시려고 그 기쁘신 뜻
> 대로 우리를 예정하사 예수 그리스도로 말미암아 자기의
> 아들들이 되게 하셨으니 엡 1:4~5

하나님께서 우리를 택하시고 예정하셨는데, 그 시점이 중요합니다. 바로 "창세전"입니다. 즉 내 출처, 내 시작은 아메바나 원숭이가 아니라는 것입니다. 우연히 태어나거나 내던져진 것도 아니라는 것입니다. 하나님께서는 창세전부터 우리를 계획하고 품으셨습니다. 천지만물이 존재하기 전부터이미 우리는 하나님의 가슴속에 존재하고 있던 것입니다.

그러므로 나는 어쩌다 태어난 우연한 존재가 아닙니다. 나는 창세전부터 하나님의 계획 속에서 태어난 목적이 있는 위대한 존재입니다. 하나님께서 당신의 사랑의 계획을 이루시기 위해, 때가 되어 이 땅에 태어나게 하신 의미 있는 존재입니다. 하나님께서는 당신의 거룩한 계획을 이루시고자 나를 이 땅에 보내신 것입니다.

그분의 숨결

하나님께로부터 보내심을 받은 사람이 있으니 그의 이름은
요한이라 **요 1:6**

이 말씀은 세례 요한뿐만 아니라 나에게도 그대로 적용
됩니다. 즉 하나님께서는 당신의 목적을 이루시고자 나를 이
세상에 보내신 것입니다. 세례 요한을 이 땅에 보내셨듯이
나를 사명자로 오늘 이곳에 보내셨습니다.

사명을 뜻하는 영어 단어 '미션(mission)'은 라틴어 '미시오
(missio)'에서 파생되었다고 합니다. 그 뜻은 '보내다'입니다.
하나님께 보냄받은 자, 그가 바로 사명자입니다. 하나님께서
는 나를 사명자로 이 땅에 보내셨습니다.

내가 사명자라는 사실을 늘 기억해야 합니다. 나는 목적
이 있어서 하나님께로부터 이 땅에 보내심을 받은 존재입니
다. 내가 이 시대에, 이 땅에, 오늘 여기에 있는 것은 우연이
아닙니다. 하나님께서 세우신 놀라운 계획 속에 나의 자리가
있는 것입니다.

먼 옛날 황해도 해주에 복돌이라는 하인이 있었습니다.
이른 아침 주인이 마주친 복돌이에게 말했습니다.

"복돌아, 너 오늘 연평도에 다녀와야겠다."

주인은 아침을 먹고 나서 복돌이를 찾았습니다.

"복돌아, 어디 있느냐? 이리 오너라. 아까 얘기한 것처럼 이 선물을 연평도 아무개 대감님께 드리고 오너라."

그러나 아무리 찾아도 복돌이가 보이지 않습니다. 하루 종일 찾을 수 없었습니다. 주인이 머리끝까지 화가 났습니다. 저녁 때가 되어서야 복돌이가 나타났습니다.

"네 이놈, 하루 종일 무얼 했기에 이제야 나타나느냐?"

"예, 주인님이 시키신 대로 연평도에 다녀왔습죠."

이 복돌이는 어리석기 짝이 없는 하인입니다. 그래서 결국 책망을 받고 볼기를 맞았습니다. 주인이 왜 연평도에 다녀오라고 하는지, 연평도에 다녀오는 목적이 무엇인지를 모른 채 그냥 다녀온 어리석은 자였기 때문입니다.

'나'는 주님 앞에서 그러지 않기를 바랍니다. 볼기나 맞고 꾸지람당하는 어리석은 사람이 되지 않기를 원합니다. 분명 하나님께서 나를 이 세상에 보내신 목적이 있습니다. 주께서 내게 하라고 하신 바로 그 일이 있습니다. 이를 '사명'이라고 합니다. 하나님께서는 나를 이 시대, 이곳에 보내셨는데 그 것은 바로 하나님의 일을 하라고 보내신 것입니다.

그분의 숨결

아버지께서 내게 하라고 주신 일을 내가 이루어 아버지를
이 세상에서 영화롭게 하였사오니 요 17:4

나는 이 세상에 어쩌다 온 것도 아니고, 소풍 온 것도 아
니고, 놀러 온 것도 아니고, 하나님 나라의 일을 하라는 사명
을 받아 온 것입니다. 이제는 내가 왜 살아야 하는지, 삶의 목
적이 무엇인지, 내 사명이 무엇인지 확실히 알고 복 있는 인
생, 칭찬과 상을 받는 인생이 되어야 합니다. 앞서가신 예수
님을 따라 사명을 감당하는 인생이 되길 소망합니다.

주여, 우리도 주님처럼 사명을 감당하길 원합니다. 하
나님께서 우리에게 주신 그 사명을 완수하여 주님께
칭찬받는 인생, 후회 없는 삶을 살게 하소서. 아멘.

3

날로
새로워지는
속사람

날로 새로워지는 속사람

우리는 날마다 늙어 가고 결국 땅에 묻힐 것입니다. 하지만 절대 늙지 않고 계속해서 젊어지며 날로 새로워질 수 있는 것이 있습니다. 바로 속사람, 우리의 '자아'입니다. 시간에 따라 사람의 몸은 늙어도 사람의 자아는 늙지 않을 수 있습니다. 날마다 새로워질 수 있습니다.

요즘 거울을 볼 때마다 주름진 얼굴과 흰머리를 보며 언제 이렇게 늙었나 싶지만 제 마음은 여전히 소년 같습니다. 봄이 되어 온 천지에 피어나는 꽃들을 보면 마냥 좋고 흥분됩니다. 살구꽃, 복숭아꽃을 보면 왜 이렇게 고향 생각이 나고 밖으로 나가고 싶은지. 해를 거듭할수록 젊어지는 것 같습니다. 그래서 사도 바울도 이렇게 말씀했습니다.

그러므로 우리가 낙심하지 아니하노니 우리의 겉사람은 낡아지나 우리의 속사람은 날로 새로워지도다 **고후 4:16**

그분의 숨결

그러나 실제로는 많은 사람이 그러지 못한 것 같습니다. 마음에 상처가 나고 구멍이 뚫려 잘못되고 어그러진 자아상을 가진 이들이 많습니다. 먼지가 많거나 안개가 잔뜩 낀 곳에는 햇빛이 강하게 비치지 않고 빛이 굴절되듯이, 비뚤어진 자아상을 가진 내면과 어둡고 상처가 많은 심령 속에는 하나님 은혜의 빛이 곧게 들어올 수 없습니다.

자아상이 반듯하고 성화가 된 사람일수록 그 마음에 성령이 거하실 수 있고 성령께서 주시는 온전한 평안이 임할 수 있습니다. 따라서 나의 자아상을 반듯하게 다듬는 과정이 중요합니다. 그 과정을 성화와 성숙이라고 합니다.

바울은 하나님 앞에서 자신이 얼마나 타락한 존재인지를 들여다보았습니다. 자신이 구겨지고 비뚤어진 마음을 가지고 있음을 깨닫고 탄식했습니다.

오호라 나는 곤고한 사람이로다 이 사망의 몸에서 누가 나
를 건져 내랴 **롬 7:24**

그러나 거기에 좌절하지 않습니다. 바울은 성령님을 붙들었습니다. 성령님을 의지하여 죄에서 해방되고 생명을 누

자아상이 반듯하고 성화가 된 사람일수록
그 마음에 성령이 거하실 수 있고
성령께서 주시는 온전한 평안이 임할 수 있습니다.

리며 자유를 선포합니다.

이는 그리스도 예수 안에 있는 생명의 성령의 법이 죄와 사

망의 법에서 너를 해방하였음이라 **롬 8:2**

우리도 바울처럼 자신의 실상을 깨달아야 합니다. 나의 본모습을 안 후에야 고칠 수 있습니다. 성화의 과정을 계속해 걸어갈 수 있습니다. 그 길이 신앙의 여정입니다.

그렇다면 어떻게 자신의 실상을 들여다볼 수 있습니까? 어떻게 자신을 알고 성화를 향해 나아갈 수 있습니까? 이를 위해 우리 안에 '네 유형의 자아상'이 있음을 아는 것이 중요합니다.

첫째로 표면적 자아상입니다. 겉으로 드러난 노출된 자아를 말합니다. 나도 알고 다른 사람도 아는 나의 모습입니다. 나의 성격 중 좋지 않은 부분은 나도 알고 남도 압니다. 부부끼리는 더 잘 알 것입니다. 가까울수록 자신의 본모습이 더 많이 드러나기 때문입니다. 그러하기에 비교적 개선하기가 쉽습니다. 나의 약한 부분을 알기 때문에 그 부분을 붙잡

고 하나님 앞에 나아가 기도할 수 있습니다. 주님께서 어루만져 주시기를, 반듯이 펴 주시기를 기도할 수 있습니다.

둘째로 숨겨진 자아상(hidden-self)입니다. 나만 알고 남들은 모르는 자아입니다. 다른 사람은 미처 알지 못하는 나의 본성, 드러내기 싫으며 다른 사람에게 들키고 싶지 않은 나의 모습입니다. 숨겨진 모습입니다. 이것을 굳이 타인에게 알릴 필요는 없습니다. 단지 문제가 있다면 하나님 앞에 내어놓고 기도해야 합니다.

하나님 앞에서 회개하고 기도하면 만져 주실 것입니다. 그 후에는 사람들에게 공개할 수 있을 것입니다. 이미 해결되었기 때문입니다. 환자가 병을 고치기 위해서는 옷을 벗기도 합니다. 부끄럽고 창피하지만 치료받기 위해 필요하다면 부끄러움은 내려놓을 수 있어야 합니다. 하나님 앞에 나의 부끄러운 모습, 사람들에게 들킬까 두려운 부분까지도 숨김 없이 내려놓고 긍휼을 구해야 합니다.

셋째로 맹목적 자아상(blinded-self)입니다. 숨겨진 자아상과는 반대로 주변 사람들은 모두 아는데 자기 자신은 깨닫지 못하는 자아입니다. "등잔 밑이 어둡다"라는 속담처럼 나의 부족한 부분을 나만 알지 못할 수 있습니다. '맹점'이라고 합니다. 이 경우는 고치기가 힘듭니다. 다른 사람이 그런 부분을 지적하면 인정하려 하지 않고 오히려 화를 내기 때문입니다. 열등의식이 많을수록 눈이 가려 자신을 보지 못합니다. 주님의 은혜를 구하여 겸손한 마음을 가진 후에야 비로소 자신을 스스로 깨닫게 됩니다.

넷째로 무의식적 자아상입니다. 자신도 모르고 타인도 모르는 자아입니다. 가끔씩 내 안에서 의외의 모습이 튀어나와 깜짝 놀랄 때가 있습니다. 일례로 운전할 때 다른 차가 방향 지시등을 켜지 않고 끼어들면 분노가 일어나면서 난폭한 자아를 발견하기도 합니다. 이럴 때 하나님 앞에서 고백하고 회개하면 반듯하고 온전한 자아상으로 변화되는 과정을 거치게 될 것입니다.

성경에는 정직한 사람, 하나님 마음에 합한 사람이 등장합니다. 그 대표적 인물이 다윗입니다. 다윗은 결코 완벽한 사람이 아니었습니다. 그 역시 실수하고 죄를 지어 타락한 자아상을 가지고 있었습니다. 그러나 재빨리 돌이켜 하나님 앞에 반듯하고 정직하기를 힘썼습니다. 그는 하나님 앞에서 솔직하고 숨김이 없었습니다.

다윗이 쓴 시편을 보면 그가 날마다 하나님의 거룩한 빛 앞에 자신을 들추어냈음을 알 수 있습니다. 그는 하나님 앞에 정직했습니다. 정직이란 단순히 거짓말을 하지 않는 것이 아니라 하나님 앞에 자기를 그대로 드러내는 것입니다. 숨기거나 가리지 않고, 있는 모습 그대로를 하나님 앞에 드러내면서 주님의 긍휼과 용서를 구하는 것이 정직입니다.

다윗뿐만이 아닙니다. 세상에 완벽한 사람은 없기에 누구에게나 주님의 긍휼과 용서가 필요합니다. 날마다 주님의 십자가 공로를 의지하며 성령으로 인도받을 때 하나님의 긍휼과 자비, 용서와 사랑이 우리에게 임하고 내면의 자아가 반듯해지게 됩니다.

그 모든 일이 하루아침에 되지는 않습니다. 날마다 거울 앞에 서듯이 말씀의 거울 앞으로, 주님의 빛 앞으로 나아가야 합니다. 빛으로 말미암아 뿌연 먼지가 드러나듯이, 성령의 빛 앞에서 자신을 살펴야 합니다. 내가 알지 못했던 부분, 숨겨졌던 부분, 삐뚤어지고 어긋난 부분을 붙들고 회개하면서 은혜를 구해야 합니다. 하나님 앞에 자신을 자꾸 들추어내어 회개해야 합니다. 그럴수록 내면이 반듯해지고, 마음이 더 성숙하게 될 것입니다.

그분의 숨결

무엇보다 종교 활동이 아닌, 신앙생활을 해야 합니다. 그리스도인이라고 말은 하면서 종교 활동을 하며 스스로 의로운 척, 깨끗한 척하는 이들이 있습니다. 하나님 앞에서 솔직하지 못한 모습입니다. 우리 주변에 집사, 권사, 장로의 직분은 받았지만 산 신앙을 갖추지 못한 사람이 얼마나 많습니까? 그런 이들은 자신을 볼 줄 모릅니다. 우리는 날마다 성령의 은혜를 덧입는 회개 생활을 해야 합니다.

　말씀의 거울 앞에서 눌리고 비뚤어진 우리의 자아상이 해방되어 반듯해지기를 기도합니다. 하나님이 기뻐하시는 반듯한 자아상이 회복되어 하나님의 마음에 합한 자로 삶을 살아가길 소원합니다. 그리할 때 하나님의 빛과 성령의 은혜가 가득하여 우리의 삶이 성화되고 천국 낙원을 이루게 될 것입니다.

🌿

　주여, 우리의 마음이 깨끗케 되기를 원합니다. 주께서 이루신 십자가의 은혜로 우리가 죄에서 해방되어 건강하고 반듯한 자아상으로 살게 하소서. 아멘.

인재를 찾습니다

　　주변을 둘러보면 여기저기서 사람을 찾습니다. 사람은 많은데 사람이 없다고 난리입니다. 나라, 회사, 기관, 단체, 어디서든 인재를 찾습니다. 그 공동체의 성격이나 방향을 결정짓는 것이 지도자와 소속된 인재에 달려 있기 때문입니다. 가능한 한 좋은 인재를 찾아 세우려 합니다.

　　그렇다면 어떠한 인재가 좋은 인재입니까? 외모가 훤칠하고 잘생긴 사람입니까? 아니면 학벌이 좋고 지능(IQ)이 높은 사람입니까? 아니면 자라 온 환경과 가정 배경이 괜찮은 사람입니까?

　　일본의 한 기업은 인재를 뽑을 때 독특한 방법을 사용한다고 합니다. 먼저 지원자를 모아 2박 3일 동안 합숙시킵니다. 그리고 그 모습을 CCTV를 통해 모니터링하며 면접을 봅니다. 그 기업이 인재를 채용할 때 고려하는 여섯 가지 기준이 있습니다.

　　　　　　　　　　　　　　　그분의 숨결

첫째로 목소리가 큰 사람입니다. 목소리가 크다는 것은 자신감이 있고 적극적인 성격일 가능성이 높습니다. 상대방을 설득할 능력이 있는 것입니다.

둘째로 밥을 잘 먹는 사람입니다. 위장이 튼튼하지 못하면 밥을 잘 먹을 수 없습니다. 건강하여 이것도 맛있고 저것도 맛있으니 적극적으로 먹을 수 있는 것입니다.

셋째로 칭찬을 잘하는 사람입니다. 상대방의 칭찬거리를 잘 알아차린다는 것은 관계 맺기에 어려움이 없고, 세심하며 긍정적인 마음씨를 가졌다는 뜻입니다.

넷째로 양보를 잘하는 사람입니다. 자신의 성공과 성취에만 목마르면 함께 일하기 어렵습니다. 상대방을 배려할 줄 알고, 헤아릴 줄 알아야 하는 것입니다.

다섯째로 주변이 깨끗한 사람입니다. 길에 떨어진 휴지를 치울 줄 아는 사람, 주변을 정리하고 정돈할 줄 아는 사람은 궂은일도 마다하지 않습니다.

여섯째로 끝까지 완주하는 사람입니다. 일등이든 꼴등이든 등수에 상관없이 남과 비교하지 않고 끝까지 해내는 사람은 인내심과 끈기가 있습니다.

단순히 이력이 좋은 사람이 아니라, 말만 잘하는 사람이 아니라 위의 여섯 가지 기준으로 인재를 채용하는 회사의 지혜가 놀랍지 않습니까? 사람마다 기준이 있겠지만 개인적으로 저는 특히 여섯째, 끝까지 완주하는 인내가 중요하다고 생각합니다. 인내가 있으면 어떤 상황이든 잘 견딜 수 있고, 주변 사람들에게 기운을 북돋아 주며, 끝내는 열매 맺는 인생이 되기 때문입니다.

어린 시절 인내의 중요성을 배울 기회가 있었습니다. 당시 초등학교는 4km, 중학교는 6km를 걸어 다녔습니다. 차가 귀한 시절이었습니다. 그래서 걷기와 달리기에 자신이 있었습니다. 하루는 마라톤 시합에 나갔습니다. 얼마쯤 달리다가 고비가 찾아왔습니다. 다리가 제 맘대로 움직여지지 않았습니다. 꼬집어도 감각이 없고 숨이 턱까지 차올라 죽을 것 같았습니다. 순간 이런 생각이 들었습니다.

'이러다 내가 죽겠다. 내가 다시는 마라톤을 하나 봐라.'

그런데 그 고비를 넘기니 다시 기운이 돌았습니다. 힘을 내어 신나게 달릴 수 있었습니다.

인생을 살면서 누구든 고비를 만납니다. 그런 시기에 마음에 떠오르는 부정적인 생각은 내 생각이 아닙니다. 힘겨움에 짓눌린 일그러진 생각이요, 사탄이 틈을 타 심은 악의 씨앗입니다. 그 고비를 잘 넘기면 다시 신나는 날이 오게 됩니다. 끝까지 인내하며 포기하지 않는 것이 중요합니다.

그러나 그것만으로 온전히 좋은 사람, 좋은 인재가 되었다고 말하기엔 무리가 있습니다. 아무리 사람이 견고하고 단단해도 그의 인내에는 한계가 있습니다. 사람은 누구나 완전하지 않으며 연약한 존재이기 때문입니다.

성경을 보면 하나님께서도 인재를 찾고 계십니다(사 6:8). 회사가 직원을 채용하기 위해 사람을 관찰하듯, 하나님도 세상을 두루 살피시며 사람을 찾으십니다. 예수님께서도 3년 반 공생애 기간 동안 인재를 찾으셨습니다. 사람을 뽑아 가르치고 세우는 일을 하셨습니다. 그들을 통해 하나님 나라를 세우고 교회를 일구어 가셨습니다.

그렇다면 어떻게 하나님 나라의 인재가 될 수 있습니까? 하나님께서는 어떤 사람을 들어 사용하십니까? 바로 하나님의 영, 성령으로 충만한 사람입니다.

그들이 듣고 한마음으로 하나님께 소리를 높여 이르되 (중

략) 종들로 하여금 담대히 하나님의 말씀을 전하게 하여 주
시오며 손을 내밀어 병을 낫게 하시옵고 표적과 기사가 거
룩한 종 예수의 이름으로 이루어지게 하옵소서 하더라 빌
기를 다하매 모인 곳이 진동하더니 무리가 다 성령이 충만
하여 담대히 하나님의 말씀을 전하니라 행 4:24~31

초대교회 시절에는 박해와 핍박이 끊이지 않았습니다.
예수님을 믿는다는 이유만으로 모욕과 멸시가 쏟아졌습니
다. 생명의 위협을 당하고 때로는 목숨을 잃기도 했습니다.

그럼에도 그들이 신앙을 지키고, 교회를 세우고, 하나님
나라를 세울 수 있었던 것은 그저 잘 참고 견뎌서가 아니었
습니다. 그들은 성령으로 충만했습니다. 그들이 모여서 기도
할 때 모인 곳이 진동하고 모인 무리가 다 성령이 충만하게
되었습니다.

내 안에서 성령의 불이 타오르면 담대함이 생깁니다. 살
아갈 이유를 찾았기 때문에 눈빛이 반짝이고 목소리에 자신
감이 깃듭니다. 삶의 목적, 의미, 희열을 발견했는데 어찌 이
전과 동일할 수 있겠습니까? 전인적으로 강건하여 매사를 긍
정적으로 바라보고 기뻐합니다. 자신감이 생겼으므로 누구

든 칭찬하고 양보하며 섬길 수 있습니다. 누가 알아주지 않더라도 하나님을 생각하며 하찮은 일을 하더라도 기쁨으로 섬길 수 있습니다.

지금도 하나님은 인재를 찾고 계십니다. 그를 통하여 하나님 나라를 세우고 교회를 일구어 가길 원하십니다. 무엇보다 성령을 구해야 합니다. 그리할 때 우리의 성품과 인격이 성숙하여 하나님 앞에 아름다운 인재가 될 것입니다. 주님이 쓰시는 인재가 될 때, 내게는 보람이요 하나님께는 기쁨입니다. 나로 말미암아 내 가정과 교회가, 이 세상이 행복하게 될 것입니다.

✿

주여, 우리가 하나님 나라의 인재로 쓰임받게 하소서. 무엇보다 성령으로 충만하여 담대함을 가지고 가정에서, 교회에서, 세상에서 주의 인재로 살아가게 하소서. 아멘.

백전백승

어릴 적 시골에서는 집집마다 소를 많이 키웠습니다. 어미 소가 송아지를 얼마나 사랑하던지, 혀로 온몸을 핥아 줍니다. 머리부터 발끝까지, 구석구석 깨끗이 핥으며 사랑을 쏟습니다. 그렇다고 평생 그렇게 돌보는 것은 아닙니다. 송아지가 어느 정도 자라면 그 후에는 매몰차게 젖을 떼고 홀로서기를 가르칩니다.

그 시기엔 송아지가 젖을 먹으려고 다가와도 어미 소가 뒷발로 걷어찹니다. 소의 뒷다리는 맹수도 나가떨어질 만큼 힘이 셉니다. 그 다리에 한 대 맞은 송아지는 한동안 멍합니다. '이제 자랄 만큼 자랐으니 젖은 그만 먹어. 스스로 여물을 먹고 성장해야 해.' 이렇게 어미는 홀로 서기를 가르치는 것입니다. 송아지가 언제까지고 젖을 먹을 수는 없습니다.

우리의 신앙도 마찬가지입니다. 우리는 예배하고 양육받으며 예수님의 제자가 되어 가는 과정 속에 홀로서기를 훈련

그분의 숨결

받아야 합니다.

이 홀로서기는 단순히 생명이 자라면 부모에게서 독립하는 것과는 차원이 다른 것입니다. 세상의 어떤 풍파와 어려움 속에서도 흔들리지 않는 것입니다. 인생의 어떠한 문제와 공격 앞에서도 흔들리지 않고 바로 서는 것입니다. 사람의 능력을 의지하지 않고 홀로 하나님과 씨름하며 모든 것을 이겨 내는 것입니다. 그래야 온전한 성도가 될 수 있습니다.

사망의 줄이 나를 얽고 불의의 창수가 나를 두렵게 하였으며 스올의 줄이 나를 두르고 사망의 올무가 내게 이르렀도다 시 18:4~5

시편 18편은 다윗이 사울에게 쫓겨 다니던 시절에 남긴 고백입니다. 당시 사울은 다윗을 죽이고자 특공대를 조직했고 여러 번 다윗을 포위하여 숨통을 조였습니다.

그때마다 다윗은 가까스로 도망쳤는데, 이 시를 남길 적에도 거의 죽을 지경에 놓였습니다. 완전히 소망이 끊긴 상태, 죽음의 공포에 눌릴 수밖에 없는 상황에 처해진 것입니다. 그때 다윗은 사람을 의지하지 않았습니다. 홀로 서서 하나님 앞에 부르짖었습니다.

　다윗은 아무리 소망이 없는 상황일지라도 다시 일어나 결국 승리했는데 그 비결은 하나님께 부르짖는 것이었습니다. 그가 하나님께 부르짖었더니 하나님이 그 소리를 들으셨다고 고백합니다.

　　내가 환난 중에서 여호와께 아뢰며 나의 하나님께 부르짖었더니 그가 그의 성전에서 내 소리를 들으심이여 그의 앞에서 나의 부르짖음이 그의 귀에 들렸도다 **시 18:6**

　　그는 결코 낙심하거나 좌절하지 않았습니다. 하나님을

그가 믿는 하나님은 머리로만 아는 하나님,
이론적이며 습관적으로 이름만 부르는 대상이 아니었습니다.
실질적으로 그에게 힘과 에너지를 주시는 하나님이셨습니다.

자신의 능력과 힘, 에너지로 삼았습니다. 하나님을 반석으로 삼고 자신의 요새와 방패, 산성으로 삼았습니다.

그가 믿는 하나님은 머리로만 아는 하나님, 이론적이며 습관적으로 이름만 부르는 대상이 아니었습니다. 실질적으로 그에게 힘과 에너지를 주시는 하나님이셨습니다. 그리하여 삶의 현장에서 살아 계신 하나님을 의지하고 승리했습니다.

문제 앞에서 염려하고 두려워하면 이미 진 것입니다. 우선 생리적으로 아드레날린이라는 호르몬이 분비되어 판단력이 흐려지고 기억력이 떨어집니다. 또한 위산이 과다하게 분비되어 위염에 걸릴 확률이 올라가고, 심장이 비정상적으로 뛰면서 온몸의 기능이 망가집니다. 무엇보다 두려움은 영적

으로 하나님 앞에 불신앙의 죄를 짓는 것입니다.

> 오늘 있다가 내일 아궁이에 던져지는 들풀도 하나님이 이
> 렇게 입히시거든 하물며 너희일까 보냐 믿음이 작은 자들
> 아 그러므로 염려하여 이르기를 무엇을 먹을까 무엇을 마
> 실까 무엇을 입을까 하지 말라 이는 다 이방인들이 구하는
> 것이라 너희 하늘 아버지께서 이 모든 것이 너희에게 있어
> 야 할 줄을 아시느니라 마 6:30~32

성경은 근심, 두려움, 불안, 공포가 불신앙에서 비롯됨을
보여 줍니다. 하나님 아버지를 신뢰하지 않는 불신앙, 그것
은 죄입니다. 우리는 불신앙의 죄를 회개해야 합니다.

또한 근심, 두려움, 불안, 공포는 악한 영의 역사입니다.
근심은 나로부터 시작되지만 두려움의 악한 영이 들어오면
고통이 가중되는 것입니다. 따라서 근심, 두려움 등의 마음
이 들 때마다 악한 영이 틈타지 못하도록 얼른 주님께 엎드
려야 합니다.

다윗은 불신앙의 죄를 짓지 않았습니다. 목숨을 위협받
고 광야로 도망 다니는 신세였는데 인간으로서 어찌 근심과

그분의 숨결

두려움이 없었겠습니까? 그러나 그는 그것을 '부르짖음'으로 극복했습니다. 우리도 근심, 두려움, 불안, 공포 속에서 살면 안 됩니다. 혹 나에게 근심과 두려움이 몰려오면 그것이 자리 잡기 전에 다윗처럼 빨리 하나님께 부르짖어야 합니다.

하나님과 우리를 이어 주는 끈은 '믿음'입니다. 하나님은 반드시 믿음을 통해서 우리를 도우십니다. 내가 근심하고 불안해하면서 하나님이 도와주시지 않는다고 말할 수 있겠습니까? 믿음의 줄이 끊어졌는데 하나님이 우리를 도우실 수 있겠습니까?

다윗은 절망적인 상황 속에서도 하나님의 가능성을 믿었습니다. 하나님께서 함께하심을 믿었습니다. 그는 사람을 의지하지 않았습니다. 주변에 그를 도울 사람이 많은 것도 아니었습니다. 그는 하나님께 모든 것을 맡기고 부르짖었습니다. 기도로 홀로 서서 어려운 상황을 극복해 나간 것입니다.

우리도 삶에 빨간 불이 켜지고, 비상벨이 울리면 그 즉시 모든 것을 멈추고 엎드려야 합니다. 다시 파란불이 켜지고 평안이 임할 때까지 기도해야 합니다(빌 4:6~7).

물론 홀로 외롭게 신앙생활을 하라는 말이 아닙니다. 우리는 넘어지기 쉬운 연약한 존재이기에 필요에 따라 서로 기도해 주고, 응원해 주고, 보살피는 것이 필요합니다. 정말 지치고 힘들 때에는 중보기도를 부탁해야 합니다.

그럼에도 불구하고 결국에는 홀로 서야 합니다. 내가 하나님 앞에 서야 합니다. 그래야 다윗처럼 어떤 환란과 절망적인 상황이 닥칠지라도 이겨 내고 승리할 수 있습니다.

지금 어떤 일로 근심하며 두려워하고 있다면, 불안하고 힘겨워하고 있다면 불신앙의 죄를 회개합시다. 이제는 다윗처럼 하나님께 부르짖는 영성을 가지고 홀로 서서 기도합시다. 그리하여 군대가 나를 둘러싸고 있다 하더라도, 나를 대적하는 전쟁이 일어나더라도 마음은 평안을 누리며 주님을 힘입어 백전백승하기를 축복합니다.

🌿

주여, 인생의 어려움을 만났을 때 근심하고 두려워하지 않게 하소서. 사람을 의지하지 않고 주님 앞에 홀로 서서 주님께 부르짖어 담대히 승리하게 하소서. 아멘.

하늘 농사 매뉴얼

가을 들녘을 바라보니 노랗게 익어 가는 벼들로 마음이 푸근해집니다. 한 해 동안 수고한 농부들의 땀과 고생이 느껴져 감사한 마음도 듭니다.

농부에게 가장 중요한 덕목은 무엇입니까? 아마도 인내, '길이 참음'일 것 입니다. 농부가 조급하면 농사를 지을 수 없습니다. 씨를 뿌린 뒤 다음 날 싹이 바로 나지 않는다고 발을 동동 구른다면, 또 싹이 난 후에도 수개월을 기다려야 할 텐데 열매가 없다고 짜증 내며 싹을 뽑는다면 어떻게 농사를 지을 수 있겠습니까?

제대로 된 농부는 당장 열매가 없다고 조급하거나 낙심하지 않습니다. 열매를 맺으려면 뜨거운 여름을 버티며 장마와 태풍을 겪어 내야 하고, 그동안 정성으로 돌봐야 함을 알고 있기 때문입니다. 그래서 하루하루에 일희일비하지 않고 묵묵히 구슬땀을 흘리며 여유를 갖고 일합니다.

우리의 신앙생활도, 특히 한 영혼을 농사지어 열매 맺는 일도 마찬가지입니다. 조급해서는 이룰 수 없습니다. 길이 참아야 하며, 여러 가지 힘들고 어려운 과정을 거치며 수고해야 합니다.

씨를 뿌린다고 다 싹이 나는 것도 아닙니다. 그래서 기도해야 합니다. 내가 해야 할 수고는 감당하면서 하나님께 맡겨야 합니다. 그리할 때 하나님께서 싹이 나게 하시며 열매 맺게 하실 것입니다.

그러므로 형제들아 주께서 강림하시기까지 길이 참으라 보라 농부가 땅에서 나는 귀한 열매를 바라고 길이 참아 이른 비와 늦은 비를 기다리나니 너희도 길이 참고 마음을 굳건하게 하라 주의 강림이 가까우니라 **약 5:7~8**

사도 야고보는 우리에게 농부의 자세를 요구합니다. "형제들아 주께서 강림하시기까지 길이 참으라" 농부가 땅에서 맺을 열매를 기대하며 길이 참듯이, 우리도 신앙생활에서 맺을 열매를 바라보며 오래 참으라고 말씀합니다. 우리는 '하늘나라 농부'입니다. 벼나 밀, 호박 농사를 짓는 것과 마찬가지로 '사람 농사'를 짓는 농부입니다.

우리도 하나님 은혜의 단비를 기다리며 오래 참아야 합니다. 무턱대고 가만히 내버려두면 안 됩니다. 항상 기도하며 관리해야 합니다. 기도가 일상이 되어야 하듯 사람 농사도 늘 해야 하는 것입니다.

건널목에서 주보를 불쑥 나눠 주기만 해서 태신자를 만날 수 있겠습니까? 부부가 자녀 앞에서 다툼이 잦은데 자녀가 부모를 따라 예배를 드리겠습니까? 얼마나 어색하겠습니까? 일상생활이 신앙생활이 될 때 열매 맺을 가능성이 높습니다. 일상에서 꾸준함으로 일구어야 합니다.

농사는 하루아침에 되는 것이 아닙니다. 여러 과정을 거쳐야 합니다. 우선 밭을 갈아야 합니다. 그리고 그 밭에 씨를 뿌려야 합니다. 싹이 나면 김을 매고 물을 대며 돌봐 주어야 합니다. 그렇게 오랜 시간 수고하며 기다려야 싹이 자라 꽃을 피우고 열매가 주렁주렁 맺혀 추수할 수 있습니다. 어느 한 과정이라도 결코 생략할 수 없습니다.

그런데 우리는 자꾸만 그 과정들을 뛰어넘으려 합니다. 밭을 갈고 씨를 뿌리면서 '왜 싹이 안 나는 걸까? 왜 자라지 않는 걸까? 왜 아직 열매가 없을까'라며 조급함에 안달을 합니다. 어떤 사람은 밭을 가는 과정에 있고, 어떤 사람은 씨를 뿌리는 과정에 있습니다. 또 어떤 사람은 잡초를 뽑고 김을 매는 과정에 있고, 어떤 사람은 이제 무르익어 추수 때가 된 영혼도 있습니다. 사람마다 각각 속한 과정이 있습니다. 사람은 뻥튀기하듯 갑자기 성장하지 않습니다. 반드시 성장 과정을 밟아야 합니다.

혹시 이런 경험은 없습니까? 이제 겨우 교회 문턱을 넘었을 뿐인데, 성경도 찬송가도 낯설기만 한데, 신앙의 선배라면서 갑자기 기도를 퍼붓고 나서는 식당 봉사를 하라고 한다면 어떻겠습니까? 화들짝 놀라 뒷걸음질 치며 예배만 드리겠다고 정중히 거절할 것입니다. 과정이 빠르면 속성일 수는 있습니다. 그러나 거기에는 부작용이 있습니다. 시간과 과정이 중요합니다.

한 천재의 삶을 본 적이 있습니다. 그는 어린 시절부터 워낙 뛰어나 미국 명문대를 수석 졸업한 뒤 나사(NASA)에 특채로 채용되었습니다. 그러나 좋은 직장에 취직했음에도 적응하지 못하고 인간관계의 어려움을 견디다 못해 그만두게 되

그분의 숨결

었습니다. 일찍부터 나이 차가 많은 형, 누나들과 공부하다 보니 상처가 많았던 것 같습니다. 주변에서 알게 모르게 주는 기대의 압박감도 있었을 것입니다.

그러한 천재의 삶을 보며 '과정을 너무 빨리 뛰어넘는 것이 안 좋은 것이구나. 평범한 것이 좋구나' 하고 깨달았습니다. 평범한 것이 복입니다. 신앙의 과정 역시 마찬가지입니다. 뛰어넘는 것이 좋은 것이 아닙니다. 농사가 그러하듯 하나님의 사람은 결코 과정을 뛰어넘는 법이 없습니다.

농사에서 한 가지 더 배울 점이 있습니다. 바로 열매에 저마다 때가 있다는 사실입니다. 모든 열매는 종류에 따라 자기 과정을 거치는데, 그 기간은 각자 다릅니다. 같은 보리이지만 봄보리는 이른 봄에 씨를 뿌려 초여름에 거두므로 3~4개월 만에 추수하고, 가을보리는 가을에 씨를 뿌려 겨울을 지나 6월에 추수합니다. 7~8개월 만에 거두는 것입니다. 봄보리의 배가 넘는 시간이 듭니다.

사람도 마찬가지입니다. 저마다 열매 맺는 과정을 거치지만 그 시기는 다를 수 있습니다. 빨리 수확하는 봄보리 같은 사람이 있는가 하면, 가을보리처럼 더 오랜 시간이 필요

농사에서 한 가지 더 배울 점이 있습니다.
바로 열매에 저마다 때가 있다는 사실입니다. 모든 열매는
종류에 따라 자기 과정을 거치는데, 그 기간은 각자 다릅니다.

한 사람도 있습니다.

시골집에 아버지와 함께 심은 은행나무가 있습니다. 어린 시절에 심어서 지금은 아름드리나무가 되어 수확 때가 되면 다닥다닥 셀 수 없을 만큼 은행이 달립니다. 은행나무 한 그루가 한 해에 맺는 열매의 수가 인간이 모두 헤아릴 수 없을 정도로 많습니다. 매년 그렇게 열립니다. 한 사람이 제대로 과정을 거쳐 하나님의 사람으로 자라난다면 그 한 사람으로 인하여 셀 수 없이 많은 열매가 맺히는 영적 원리가 이와 같습니다.

성경에는 하나님의 농사 이야기가 나옵니다. 하나님께서는 은행나무 같은 아브라함 한 사람을 농사지으셨습니다. 갈대아 우르에서 그를 부르시고 인내로 돌보시며 이삭을 주셨습니다. 처음에는 자라는 속도가 느렸습니다. 후에 야곱을 통해서 열두 지파, 열두 지파를 통해서 수백만 명의 이스라엘로 자라났고, 마침내 우리까지 아브라함의 자손으로 삼아 주셨습니다. 이렇듯 아브라함의 은행 열매는 하늘의 뭇별처럼 그 수를 헤아릴 수 없습니다.

물론 가끔은 싹이 안 나고 죽어 버리는 씨도 있습니다. 더

러는 쭉정이도 있을 수 있습니다. 어떤 농사든 100% 열매 맺지는 않습니다. 예수님의 열두 제자 중에도 한 명은 싹이 안 났습니다. 그렇지만 상관없습니다. 열매는 내게 달린 것이 아닙니다.

농부가 열심히 수고하면서도 결국 하늘을 의지하는 것처럼 열매는 하나님의 소관입니다. 열매가 없더라도 그것은 하나님의 주권이므로 내가 관여할 바가 아닙니다. 한 가지 분명한 사실은 과정 속에서 '수고한 대로' 하나님께서는 상을 베푸신다는 것입니다.

또 누구든지 제자의 이름으로 이 작은 자 중 하나에게 냉수 한 그릇이라도 주는 자는 내가 진실로 너희에게 이르노니 그 사람이 결단코 상을 잃지 아니하리라 하시니라 마 10:42

하나님께서는 각 사람의 '행한 대로' 갚아 주신다고 말씀하셨습니다(계 22:12). '열매대로'가 아닙니다. '일한 대로'입니다. 우리는 하나님 나라의 농부들입니다. 그러니 이제 하늘 농사를 지어 하나님 나라를 일구어 갑시다. 오늘도 세상의 너른 들판으로 나아가 농부로서 길이 참으며 김을 매고 물을

그분의 숨결

대고 수고하면서 좋은 열매를 맺어 가는 우리가 됩시다.

주여, 우리를 하늘 농부로 불러 주시니 감사합니다. 오늘도 주어진 자리에서 묵묵히 땅을 갈고 씨를 뿌리며 수고하여 이 땅에 하나님 나라를 열매 맺게 하소서. 아멘.

솟아 흐르는 옹달샘

숲을 거닐다 보면 가끔 옹달샘을 발견하곤 합니다. 땅 속 깊은 곳에서 신선한 물이 퐁퐁 솟아 나오는 옹달샘, 작은 동물들이 목을 축이고 사람들이 쉬어 가는 쉼터입니다.

만일 옹달샘을 관리하지 않고 내버려두면 어떻게 되겠습니까? 물이 솟아나는 구멍에 낙엽이 쌓이고 흙과 돌멩이가 무너져 입구가 막히게 됩니다. 그러면 더 이상 물이 나오지 못하고 나뭇잎과 온갖 쓰레기가 고여 썩게 됩니다.

우리도 이 옹달샘 같습니다. 성령의 생수가 솟아나는 곳이 바로 나의 심령입니다. 그러나 가만히 내버려두면 죄성의 방해로 인하여 막히고 쌓여 결국은 썩게 됩니다. 옹달샘은 물을 계속 흘려보내야 합니다. 그러면 새로운 물이 솟아 나옵니다. 많이 보낼수록, 자꾸 퍼낼수록, 물구멍이 점점 커지게 됩니다.

우리 영혼의 옹달샘에서 솟아나는 생명의 물이 더욱 힘차

그분의 숨결

게 솟구치기 위해서는 찌꺼기 같은 죄들을 모두 치워야 합니다. 그것이 회개입니다. 더불어 내 안에 샘솟는 생수를 계속 퍼내고 흘려보내야 합니다(요 7:38).

> 내가 주는 물을 마시는 자는 영원히 목마르지 아니하리니
> 내가 주는 물은 그 속에서 영생하도록 솟아나는 샘물이 되
> 리라 **요 4:14**

우리 안의 샘물, 즉 '솟아나는 성령의 샘물'을 계속해서 흘려보내면 그것이 개울이 되고 시내가 되어 마침내 '생수의 강'이 될 것입니다. 그러니 누구에게든 주어야 합니다. 퍼내야 합니다. 흘려보내야 합니다. 그러면 하나님이 우리의 심령을 채우시며 더욱 넘치게 하실 것입니다.

반대로 우리가 흘려보내지 않고 받기만 하면 어떻게 되겠습니까? 샘이 고여 썩듯 점차 받은 은혜에 감각이 무뎌지며 결국에는 '은혜 기억상실증 환자'가 될 것입니다. 감사가 없어지며 더 큰 은혜만을 기다릴 것입니다. 매너리즘과 형식주의에 빠지고 감동이 없는 미지근한 신앙인이 되고 말 것입니다. 따라서 받는 것도 중요하지만 그보다 더 중요한 것은 받

우리 안의 샘물, 솟아나는 성령의 샘물을
계속해서 흘려보내면 그것이 개울이 되고
시내가 되어 마침내 생수의 강이 될 것입니다.

은 은혜를 누군가에게 주는 것입니다.

하나님께서는 아들 하나님, 독생자 예수님을 우리에게 주심으로 기뻐하시고 영광받으셨습니다. 하나님의 속성은 주는 것입니다. 우리도 하나님을 본받아 누군가에게 줄 때 도리어 내가 힘을 얻고 든든히 서는 것입니다. 그것이 또한 심는 것이 되어 때가 되면 반드시 거둘 것입니다.

주라 그리하면 너희에게 줄 것이니 곧 후히 되어 누르고 흔들어 넘치도록 하여 너희에게 안겨 주리라 너희가 헤아리는 그 헤아림으로 너희도 헤아림을 도로 받을 것이니라 눅 6:38

예수님은 우리에게 주라고 말씀하셨습니다. 이것은 부탁이 아니라 명령입니다. 주어도 되고 안 주어도 되는 문제가 아니라, 반드시 주어야 하는 것입니다.

주님은 왜 주라고 명령하셨을까요? 나 하나 먹고살기에도 바쁜데 왜 주라고 하실까요? "그리하면 너희에게 줄 것"이기 때문입니다. 하나님이 갚아 주신다고 약속하신 것입니다. 하나님으로부터 받으려면 먼저 주어야 합니다. 그러면 "후히 되어 누르고 흔들어 넘치도록" 주십니다.

예전 사람들은 곡식을 사고팔 때 됫박으로 계량하여 거래했습니다. 만약 파는 사람이 됫박에 곡식을 사르르 부어 담는다면 중간중간 공간이 생겨 정작 곡식은 조금밖에 담기지 않습니다. 주님은 그렇게 인색하신 분이 아닙니다. 후하게 주십니다. 꾹꾹 누르고 흔들어 넘치도록, 새어 나가지 않도록 품 안에 안겨 주십니다.

> 자기 아들을 아끼지 아니하시고 우리 모든 사람을 위하여
> 내주신 이가 어찌 그 아들과 함께 모든 것을 우리에게 주시
> 지 아니하겠느냐 **롬 8:32**

하나님께서는 이처럼 우리에게 주기를 원하십니다. 그런데 우리는 왜 받지 못하는 것입니까? 하나님은 주길 원하시고, 우리도 받길 원하는데 못 받는 이유가 무엇입니까? 우리가 주지 않기 때문입니다. 하나님은 어떠한 사람에게 넘치도록 후하게 주십니까? 먼저 주는 사람입니다. 그 사람은 기적을 체험하게 됩니다. 아끼지 않고 주시는 하나님, 누르고 흔들어 넘치도록 안겨 주시는 하나님을 경험하게 됩니다.

그분의 숨결

하나님께서는 우리에게 아들까지 내어 주셨습니다. 그분의 모든 것을 주셨습니다. 이런 하나님께서 우리에게 모든 좋은 것을 주길 원하십니다. 주기 원하시는데 줄 수 없는 답답함을 우리가 풀어 드려야 합니다. 하나님이 누르고 흔들어 후히 주실 수 있도록 나도 누군가에게 주어 흘려보내야 하는 것입니다.

그렇다면 우리는 무엇을 줄 수 있습니까? 먼저 '칭찬'을 주어야 합니다. 많은 사람이 지적과 책망을 받고 자라 왔기에 칭찬에 인색합니다. 이제 나부터 바꾸면 됩니다. 내가 먼저 남편과 아들, 아내와 딸을 칭찬해야 합니다. 교우들을, 친구들을, 직장 동료들을 칭찬해야 합니다. 빈말이 아니라 구체적인 근거와 마음을 담아 그를 격려하고 세워야 합니다.

다음은 '물질'을 주어야 합니다. 마치 물질이 사람의 생명도 가치도 쥐락펴락하는 것처럼 보이는 시대에 그 물질로 누군가를 돌보고 세우는 일은 하나님의 뜻입니다. 말만이 아니라 내가 가진 것으로 누군가를 섬길 때 그 말도 진심이 되어 뭇사람에게 가닿을 것입니다.

그리고 무엇보다 '복음'을 주어야 합니다. 인간에게 줄 수 있는 최고의 것은 무엇입니까? 바로 복음입니다. 복음은 믿는 자에게나 믿지 않는 자에게나 똑같이 필요합니다. 주님이 나를 위해 어떤 희생을 하셨는지 알려 주는 것입니다. 예수님의 십자가 복음, 하나님의 기가 막힌 사랑의 열매, 나를 향한 사랑의 증거인 십자가를 전하는 것입니다.

이것이 바로 하나님의 원리, 옹달샘의 원리입니다. 은혜를 받기 원하십니까? 내가 먼저 은혜를 주어야 합니다. 복을 받기 원하십니까? 내가 먼저 복을 주어야 합니다. 하나님 안에서는 주는 것이 받는 것보다 복이 있습니다(행 20:35).

그동안 주지 않고 받기만 좋아했던 것, 받기만 하고 흘려보내지 못했던 침체된 신앙을 회개합시다. 이제는 받은 은혜를 다시 흘려보내는 신앙인이 됩니다. 그리하여 하나님이 주길 원하시는 복과 은혜를 넘치도록 받아 끊임없이 솟아나는 생수의 강물 속에 살게 되기를 축복합니다.

🌿

주여, 우리에게 샘솟듯 은혜를 부어 주셔서 감사합니다. 이제 그 은혜를 세상에 나누고 이웃에 흘려보내어 모두가 주님의 은혜로 풍성한 삶을 살게 하소서. 아멘.

　　　　　　　　　　　　　　　　그분의 숨결

성령이 흐르는 삶

TV에서 제철소를 본 적이 있습니다. 제철소에서는 고철들을 모아 용광로에 붓고 그것들을 녹여서 다시 쓸 만한 제품과 철근을 만듭니다. 그런데 산더미처럼 쌓여 있는 고철들을 어떻게 용광로에 집어넣을까요?

사람의 힘으로는 할 수 없습니다. 엄청난 무게의 고철을 들 수 없을 뿐 아니라 고온의 용광로 근처에 가기만 해도 타든지 녹아 버리기 때문입니다.

그래서 발명한 것이 '전기자석'입니다. 원판 모양의 무쇠 덩어리를 크레인 끝에 매달고 고철들이 있는 곳에 내립니다. 그리고는 그 무쇠 원판에 전기를 흐르게 하면 강력한 자력이 발생하여 근처에 있는 모든 고철들이 달라붙게 됩니다. 그 원판을 들어 올려 용광로 위에 가져다 놓고 전기를 끊으면 모든 철들이 용광로 속으로 떨어지는 것입니다.

그 장면을 보며 주의 일을 감당하는 우리 그리스도인이

떠올랐습니다. 우리는 산더미 같은 고철들 앞에 놓인 무쇠 덩어리와 같습니다. 가만 내버려두면 녹이 슬어 시커멓고 무거운 무쇠 덩어리에 불과하지만 거기에 전기가 흐르면 강력한 자력이 생깁니다. 주어진 일을 감당할 힘과 능력이 생기는 것입니다.

우리 안에 성령의 전류가 흘러야 합니다. 그러면 강력한 힘이 생깁니다. 사람들을 끄는 힘, 매력이 생깁니다. 성령이 충만한 사람은 성령의 은사, 곧 카리스마를 갖게 됩니다. 성령이 없으면 고철 덩어리일 수밖에 없는 우리에게 성령의 전류가 흐르면 권능이 생기고, 사람을 끄는 힘과 매력이 생기고, 말의 힘이 생기는 것입니다.

사도와 함께 모이사 그들에게 분부하여 이르시되 예루살렘을 떠나지 말고 내게서 들은 바 아버지께서 약속하신 것을 기다리라 행 1:4

예수님께서 이 말씀을 하실 때 제자들의 상태가 어떠했습니까? 수제자 베드로는 예수님이 체포될 것이라는 말을 듣고 펄쩍 뛰며 "모두 주를 버릴지라도 나는 결코 버리지 않겠나

그분의 숨결

성령이 없으면
고철 덩어리일 수밖에 없는 우리에게
성령의 전류가 흐르면 권능이 생기고,
사람을 끄는 힘과 매력이 생기고,
말의 힘이 생깁니다.

이다"(마 26:33)라고 장담했습니다. 다른 제자들도 주님의 곁을 지키겠다고 입찬소리를 했습니다.

그러나 예수님이 체포되자 베드로는 세 번씩이나 주님을 모른다고 부인하며 저주했습니다. 다른 제자들 역시 뿔뿔이 흩어졌습니다. 모두가 배신자요 실패자였습니다. 예수님을 두고 도망친 배은망덕한 자들이었습니다.

그런 제자들을 모아 놓고 주님은 승천하시기 전 이렇게 말씀하십니다. "예루살렘을 떠나지 말고 아버지께서 약속하신 것을 기다려라!" 예루살렘은 성전이 있는 곳, 오늘날의 교회에 해당합니다. 예수님은 교회를 떠나지 말라고 하셨습니다. 왜 떠나지 않아야 합니까? 무엇을 기다려야 합니까?

"몇 날이 못 되어 성령으로 세례를 받으리라"(행 1:5) 바로 성령입니다. 성령세례를 받기 전에는 교회를 떠나지 말라고 하신 것입니다.

누가복음도 "너희는 위로부터 능력으로 입혀질 때까지 이 성에 머물라"(눅 24:49)라는 말씀으로 같은 내용을 전합니다. 성령세례는 위로부터 능력을 받는 것입니다.

오직 성령이 너희에게 임하시면 너희가 권능을 받고 예루

살렘과 온 유대와 사마리아와 땅끝까지 이르러 내 증인이

되리라 하시니라 행 1:8

　주님의 증인이 되는 것은 나의 노력도 필요하지만 '성령의 권능'을 받는 것이 더 중요합니다. 내가 하는 것이 아니라 성령께서 하시는 것입니다. 신앙생활은 나도 노력해야겠지만 성령의 능력으로 하는 것이 중요합니다.

　예수님은 우리의 상태를 잘 아십니다. 그리하여 넘어지고 실패한 제자들을 향해 말씀하셨습니다. "너희들의 힘으로 나를 따라오려니 힘들었지? 내가 붙잡혔을 때 두렵고 떨려서 부인하며 도망간 것을 내가 안다. 너희들의 약함을 알고 있단다. 성령세례를 받으면, 위로부터 성령의 권능을 받으면, 너희들은 내 증인이 될 거야. 그러니 그 전에는 예루살렘을 떠나지 말거라. 먼저 성령세례를 받아야 한다."

　이는 선지자들 또한 증언하는 바입니다.

그 후에 내가 내 영을 만민에게 부어 주리니 너희 자녀들이

장래 일을 말할 것이며 너희 늙은이는 꿈을 꾸며 너희 젊은

이는 이상을 볼 것이며 욜 2:28

그가 내게 대답하여 이르되 여호와께서 스룹바벨에게 하신 말씀이 이러하니라 만군의 여호와께서 말씀하시되 이는 힘으로 되지 아니하며 능력으로 되지 아니하고 오직 나의 영으로 되느니라 슥 4:6

어쩌면 제자들의 실패는 당연한 결과였습니다. 모든 신앙생활과 영적인 삶, 기도하고 찬양하는 일, 복음을 전하는 일, 사랑하고 용서하며 인내와 절제하는 일은 인간의 능력이나 노력으로 되지 않습니다. '오직 나의 영', 즉 하나님의 성령으로 충만해야만 영적인 삶을 영위할 수 있으며 열매를 맺을 수 있습니다. 우리에게 삶의 의미를 부여해 주고 꿈과 비전을 주는 분은 성령이십니다.

따라서 인간으로서 최고의 복은 성령을 받는 것입니다. 내가 기쁘고 즐거우며 다른 사람을 끄는 힘이 생깁니다. 내 안에 성령이 흐르면 지혜가 생기고 입술에 권능이 생기며 눈에서도 빛이 나게 됩니다. 인간으로는 누릴 수 없는 초자연적인 기쁨을 얻고, 환경과는 상관없는 평강, 하늘 소망을 누리게 됩니다. 또한 내가 성령으로 충만하여 영혼이 잘되면 범사도 형통하게 이루어질 것입니다.

그분의 숨결

초대교회 성도들은 한 번 성령이 충만한 것으로 만족하지 않았습니다. 그들은 오순절 마가 다락방에서 성령세례를 받은 뒤에도 다시 모여 기도하고 다시 성령충만을 받았습니다. 그들이 어디를 가든 성령이 충만히 임했습니다(행 8:17, 10:44). 계속하여, 연속적으로 성령충만을 받은 것입니다. 우리에게도 그 성령이 흘러 세상에서 귀히 쓰임받는 은혜가 있기를 소망합니다.

🌿

주여, 우리 안에 성령이 흐르게 하소서. 성령의 권능, 성령의 지혜, 성령의 충만으로 세상의 어려움을 이겨 내고 주의 일을 감당하게 하소서. 아멘.

4

레드우드의
지혜

더 자주, 더 깊이

❦

'에펠탑 효과'라는 심리학 용어가 있습니다. 에펠탑은 명실상부 프랑스 파리를 대표하는 건축물이지만, 사실 처음 세워질 당시에는 많은 사람이 싫어했다고 합니다. 심지어 어떤 사람들은 철골로만 세워진 탑을 보고 악마의 표식 같다며 소름 끼친다는 반응을 보였습니다.

프랑스의 대문호 모파상(Guy de Maupassant)도 에펠탑을 혐오하는 사람 중 하나였습니다. 하루는 그가 에펠탑 1층에서 식사를 하고 있어 누군가가 이유를 물었더니 이렇게 답했다고 합니다.

"파리 시내에서 에펠탑이 안 보이는 유일한 장소이기 때문이다."

그렇게 20년 후 철거가 예정되어 있던 에펠탑이지만, 막상 그 시간이 다가오자 파리 시민들은 철거에 반대했습니다. 그동안 탑을 바라보고 탑과 함께하면서 정이 들었기 때문입

그분의 숨결

니다. 그 후 파리 시민들은 점점 더 에펠탑을 좋아하게 되었고, 또 그 모습을 보러 세계 각지의 관광객이 몰려들면서 현재는 파리의 랜드마크가 되었습니다. 흉물스런 철탑이 지금은 프랑스에서, 아니 세계에서 가장 인기 있는 관광지로 바뀌게 된 것입니다.

우리나라 속담에 "자주 보면 곰보도 보조개로 보인다"라는 말이 있습니다. 동화 〈미녀와 야수〉에 등장하는 야수도 처음에는 끔찍하고 흉측해 보였지만, 자주 볼수록 정들고 가깝게 여겨져 미녀와 사랑에 빠지게 됩니다. 자꾸 보면 괜찮아 보인다는 것입니다. 싸우면서 정든다는 말도 있지 않습니까? 친해지려면 자꾸 만나야 합니다. 정들려면 자주 만나야 합니다.

서로 돌아보아 사랑과 선행을 격려하며 모이기를 폐하는 어떤 사람들의 습관과 같이 하지 말고 오직 권하여 그날이 가까움을 볼수록 더욱 그리하자 히 10:24~25

신앙생활도 그렇습니다. 성도들이 자주 만나야 공동체가

돈독해집니다. 신앙은 혼자 유지할 수 없습니다. 서로 끌어주고 칭찬하며 격려하는 공동체 속에서 신앙생활이 유지될 수 있습니다.

성경은 우리를 향해 "서로 돌아보아 사랑과 선행을 격려"하라고 말씀합니다. 서로의 칭찬거리를 미리 생각해 두었다가 만나면 칭찬하고 격려해야 합니다. 아이든 어른이든 칭찬에 목말라하는 시대입니다. 이럴 때 상대방을 칭찬하며 서로를 인정하면 기쁨이 넘쳐나게 됩니다(마 7:12).

이렇게 서로 칭찬하고 격려하기 위해서는 한 가지가 먼저 전제되어야 합니다. 바로 모여야 합니다. 만나야 서로 칭찬하고 격려할 수 있지 않겠습니까? 모이기에 힘써야 합니다. 서로 자주 봐야 합니다. 모일 때 성령께서 역사하시고, 모일 때 힘을 얻게 되며, 함께 모여 기도할 때 치유와 회복이 일어납니다.

하나님과 친밀해지는 것도 원리는 같습니다. 하나님을 자꾸 만나야 합니다. 하나님께 자주 나아가야 합니다. 예배를 통해서, 말씀 묵상을 통해서, 기도 시간을 통해서, 어떤 일을 통해서든 하나님을 자주, 또 깊이 만나야 합니다.

그분의 숨결

하나님께 가까이함이 내게 복이라 내가 주 여호와를 나의
피난처로 삼아 주의 모든 행적을 전파하리이다 시 73:28

하나님과 친하면 수지맞습니다. 그분이 복의 근원이시기 때문입니다. 하나님께는 기쁨, 평강, 자유, 치유 등 모든 복된 것이 다 있습니다. 하나님을 만나면 만날수록, 가까이하면 가까이할수록 나에게 복이 됩니다. 하나님을 가까이하고, 주님을 자주 만나는 것이 인생 최고의 복입니다.

자꾸 만나지 않으면 사이가 소원해집니다. 부부 사이라도 오래 떨어져 있다 보면 서먹해지기 마련입니다. 하나님을 자주 만나야 합니다. 혼자만 만나지 말고 주변 사람들과 함께 만나야 합니다. 가족들도, 친구들도 하나님과 친밀해지도록 이끌어 주어야 합니다. 하나님과 친밀해지는 것이 인생 최대의 행복이요, 인생 최고의 은혜입니다.

주여, 날마다 주님을 가까이하게 하소서. 언제나 주님과 친밀히 동행함으로 복된 삶을 누리며 주변에 그 은혜를 전파하게 하소서. 아멘.

내가 살기 위하여

하루는 제가 참 교만하다는 생각이 들었습니다. 누군가에게 말씀을 듣고 가르침을 받을 때, 제게 큰 은혜가 되지 않을 때가 많았기 때문입니다.

그런데 자신을 가만 돌아보니, 말씀을 가르치고 설교할 때 도리어 더 큰 은혜를 받는다는 사실을 알게 되었습니다. 가르치는 자리에서 가장 크게 배웠습니다. 가르치는 것이 최고의 배움이라는 말이 있습니다. 그동안 제 신앙과 영성이 이만치라도 유지되며 성장해 온 것은 말씀을 가르치며 선포했기 때문입니다. 그래서 오늘의 제가 있습니다.

교육학자 에드거 데일(Edgar Dale)의 연구에 의하면 오래 기억하는 가장 효과적인 방법은 가르치는 데 있다고 합니다. 배운 후 48시간이 지나면 10% 미만이 기억되지만 가르친 후에는 90%까지 기억을 한다는 것입니다.

주변에 은퇴하신 목사님들을 보면 어깨가 처지고 말씀에

그분의 숨결

힘이 없는 경우를 보곤 합니다. 은퇴 후에는 여유가 생기니 다양한 말씀 세미나에 다니며 오히려 영성이 더 깊어질 것 같은데 그렇지 않았습니다. 오히려 매일 설교하고 가르칠 때가 더 생기 있고 에너지가 넘쳤습니다. '주는 자가 복된 것이구나!'라는 생각이 절로 들었습니다.

> 범사에 여러분에게 모본을 보여 준 바와 같이 수고하여 약한 사람들을 돕고 또 주 예수께서 친히 말씀하신 바 주는 것이 받는 것보다 복이 있다 하심을 기억하여야 할지니라
>
> 행 20:35

세상 많은 사람이 주는 것보다 받는 것을 좋아하고, 준 것보다 더 많이 받기를 기대합니다. 그러나 사도 바울은 받는 것보다 주는 것이 복이 있다고 말씀했습니다. 그는 이 말씀을 증명하기 위해 삶으로 모본을 보였습니다.

가는 곳마다, 만나는 사람마다 하나님의 말씀을 주고, 복음을 주고, 기도를 주고, 도움을 주었습니다. 약한 사람들을 여러 가지로 도우며 예수님의 말씀을 실천했습니다. 그래서 그는 자신 있게 "나를 본받으라"(빌 3:17)라고 권면했습니다.

주는 것, 베푸는 것, 섬기는 것은
남을 행복하게 할 뿐 아니라
우리 자신도 행복하게 만듭니다.
우리가 줄 수 있는 것들 중 최고는
복음, 하나님의 사랑을 전하는 것입니다.

이와 관련하여 심리학 교수 소냐 류보머스키(Sonja Ly-ubomirsky)는 학생들을 대상으로 6주간 아주 재미있는 실험을 했습니다. 실험은 두 그룹으로 나눠 진행되었습니다. 첫 번째는 여느 때와 다를 바 없이 일상생활을 하는 그룹, 두 번째는 헌혈을 한다든지 병문안을 간다든지 어떠한 친절한 행동을 하며 봉사와 섬김을 실천하는 그룹입니다.

그들을 관찰한 결과 일반적인 생활을 한 그룹의 학생들보다 봉사활동을 한 그룹에 속한 학생들의 행복지수가 41.66% 높다는 사실을 발견했습니다. 인간은 누군가를 위해 봉사하며 섬길 때 행복이 커지고 삶에 활력도 생긴다는 결과였습니다. 이처럼 주는 것, 베푸는 것, 섬기는 것은 남을 행복하게 할 뿐 아니라 우리 자신도 행복하게 만듭니다.

우리가 남에게 줄 수 있는 것들 중 가장 최고의 것은 복음, 하나님의 사랑을 전하는 것입니다. 하나님의 사랑을 나누고 예수 그리스도의 복음을 전하여 함께 하나님 나라를 세우는 것보다 더 위대하고 대단한 일은 없습니다. 가장 의미 있고 가치 있는 일입니다. 이 사실을 잊지 말아야 합니다.

하나님을 떠나 주님의 은혜를 모른 채 살아가는 사람들

은 마음이 공허해도 채울 길이 없습니다. 먹방을 보고 맛집을 찾아다녀도, 여행을 다니고 취미 활동을 즐겨도 그 허함은 달래지질 않습니다.

그들에게 답을 알려 주어야 합니다. 진정으로 그들에게 필요한 것을 우리가 전해 주어야 합니다. 그들이 복음을 통하여 하나님의 자녀가 되고, 성령을 받아 가치 있는 삶을 살도록 도와야 합니다.

물론 쉬운 일은 아닙니다. 한 영혼을 전도하여 변화시키기까지는 시간이 필요합니다. 엄청난 노력이 필요합니다. 당장에 나타나는 효과가 없을 수 있습니다. 그렇다고 낙심할 필요는 없습니다. 목표를 세워 멀리 바라보며 달려야 합니다. 그러면 언젠가 그도 멋진 하나님의 자녀, 하나님의 일꾼이 될 것입니다.

언제든 누구에게든 주는 사람으로 살아갑시다. 마음을 주고, 시간을 주고, 관심을 줍시다. 기도로 응원해 줍시다. 말씀을 나누어 줍시다.

내가 가진 최고의 것을, 내가 할 수 있는 최선을 다하여 줍시다. 섬기고 희생하며 타성에 젖지 않도록, 매너리즘에 빠지지 않도록 매 순간 새롭게 달려갑시다. 바로 지금 시작합시다.

주여, 주는 자에게 복이 있음을 믿습니다. 주님께서 우리에게 큰 은혜를 베푸신 것처럼 우리도 세상을 향하여 주는 사람으로 살아가게 하소서. 아멘.

도전과 모험

"너의 고향과 친척과 아버지의 집을 떠나라. 더 이상 거기에 머물지 마라."

하나님께서 아브라함에게 말씀하셨습니다.

제가 어린 시절만 해도 고향을 떠나는 자식은 불효자였습니다. 부모님을 모시고 농사짓고 사는 것이 자식 된 도리였습니다. 물론 지금은 타의에 의해 고향을 떠나는 사람들이 많은 시대입니다만, 아브라함 시대는 지금으로부터 4천 년 전입니다. 그 당시에 고향을 떠난다는 것은 훨씬 어려운 일이었을 것입니다.

고향에는 삶에 필요한 모든 것들이 갖춰져 있었습니다. 가족, 친척, 친구, 생업 등 익숙한 모든 것이 다 거기 있는데 버리고 떠나는 것은 쉽지 않은 일이었을 것입니다. 게다가 아브라함은 나이가 75세, 은퇴를 준비하며 죽음을 바라볼 나이였습니다. 그럼에도 하나님은 아브라함에게 떠나라고 명령하십니다. 떠나면 복을 주시겠다고 약속하십니다.

　이 말씀은 오늘날 우리에게도 깊은 영적 울림을 줍니다.
고향은 무엇을 뜻합니까? 지금까지 우리가 고수해 왔던 영적
상태, 신앙 행태, 안락하고 편안하며 익숙한 삶입니다. 그곳
을 떠나라고 명령하십니다. 편안하고 안락한 삶을 떠나야 합
니다.

　성경은 보수주의가 아닙니다. 성경은 개혁주의입니다.
하나님께서는 75세가 되었음에도 아브라함이 개혁하고 도전
해 나가길 원하셨습니다. 도전 정신, 개혁 정신, 적극적인 태
도가 성경에서 추구하는 자세입니다. 지금의 안락한 삶에 더
이상 뭉그적거리고 있을 수 없습니다. 그러면 발전도 성장도
성취도 없을 것입니다.

　더 놀라운 사실은, 하나님께서 아브라함에게 고향을 떠나
라고 하시면서 갈 곳을 알려 주지 않으셨다는 것입니다. 일
의 결과를 모른 채 아브라함은 길을 떠나야 했습니다.

　상식적으로 이사할 때는 살 곳, 살 집을 미리 마련하고 옮
기는 것이 당연하지 않습니까? 그런데 아브라함에게는 어디
로 가라는 말씀이 없습니다.

믿음으로 아브라함은 부르심을 받았을 때에 순종하여 장래
의 유업으로 받을 땅에 나아갈새 갈 바를 알지 못하고 나아
갔으며 **히 11:8**

갈 곳을 알지 못하고 길을 떠나는 사람을 보면 세상은 미
쳤다거나 바보라고 생각할 것입니다. 그러나 성경은 그것
이 '믿음'이라고 말씀합니다. 누구를 바라보고 떠나는 것입니
까? 주님을 바라보고 떠나는 것입니다. 무엇을 붙들고 떠나
는 것입니까? 말씀을 붙들고 떠나는 것입니다.

이미 갈 곳을 알고 떠난다면 그것이 어떻게 믿음이 되겠
습니까? 주님이 우리에게 원하시는 것은 믿음입니다. 우리
도 아브라함처럼 믿음으로 길을 나서야 합니다.

그래서 믿음은 모험입니다. 신앙은 도전입니다. 지금까
지 이어 온 나의 습관, 지금까지 고수해 온 나의 행태, 내가
머물던 그 안락함에서 떠나야 합니다. 떠나지 않으면 더 이
상의 성장과 열매도 없습니다. 하나님께서 약속하신 복도 바
라볼 수 없습니다.

크리스토퍼 콜럼버스(Christopher Columbus)는 15세기에 활

동했던 이탈리아의 탐험가입니다. 그가 살던 시대만 해도 많은 사람들이 지구가 평평하다고 믿었습니다. 바다 끝까지 가면 낭떠러지가 있을 것이고, 그 밑에는 지옥이 있다고 생각했습니다. 하지만 일부 사람들은 지구가 둥글다는 사실을 알았고, 콜럼버스도 그것을 믿었습니다.

당시 유럽인들은 인도의 황금, 차, 향신료에 대한 동경이 있었습니다. 콜럼버스는 새로운 항로를 개척하고, 새로운 대륙에 복음을 전하는 꿈이 있었습니다. 그는 스페인의 여왕 이사벨(Isabel I)을 찾아가 항로 개척과 복음 전파에 관한 꿈을 이야기합니다. 쉽지 않았지만 오랜 설득 끝에 마침내 그는 여왕의 후원을 받아 수십 명의 선원들과 함께 바다로 나섰습니다.

그러나 항해가 만만치 않았습니다. 대서양 위를 두 달간 떠다녀도 육지가 나타나지 않았습니다. 폭풍을 만나 죽을 뻔하고, 먹을 것이 떨어져 가고, 뱃멀미가 심해 육신이 쇠약해져 가는데 육지가 나타나지 않으니 선원들은 점점 불만이 쌓였습니다. 마침내 배 안에서 큰 폭동이 일어났고, 생명의 위협을 느낀 콜럼버스는 마지막 협상을 시도했습니다.

딱 3일만 더 항해한 뒤 육지가 나타나지 않으면 고향으로 돌아간다는 내용이었습니다. 그 3일 동안 그가 하나님 앞에 얼마나 부르짖으며 기도했겠습니까? 목숨 걸고 기도했을 것입니다. 다행히도 3일 만에 그들은 아메리카 대륙에 상륙했습니다. 그는 그곳을 '산살바도르'라 이름 붙였습니다. 스페인어로 '성스러운 구세주'란 뜻입니다. 자신을 살려 주신 주님을 높인 것입니다.

콜럼버스만 그런 것이 아닙니다. 아브라함, 요셉, 모세, 여호수아, 갈렙, 다윗 등 우리 믿음의 선배들은 모두 도전하는 사람이었습니다. 그럼에도 오늘날 많은 성도가 도전 정신을 상실했습니다. 그 모습을 보며 누군가가 이런 말을 했다고 합니다.

"오늘날 그리스도인들은 빛과 소금이 아니라, 교회 안에 주저앉아 있는 설탕 덩어리이다. 세상으로 나가 빛과 소금의 사명을 감당해야 하는데 교회 안에서 꿀과 설탕만 퍼먹고 있다."

교회 안에서 자기들끼리 만족하고, 자기들끼리 위로하고, 자기들끼리 모이고 마는 것이 설탕만 먹는 성도 아니겠습니까? 그러니 영적으로 비만에 걸리게 되는 것입니다. 우리는

그분의 숨결

세상으로 나가야 합니다. 교회 안에만 머물면 안 됩니다. 교회에 함께 모여 예배드리고 공급받아야 하지만, 그 후에는 반드시 하나님이 보내시는 세상으로 나가 빛의 삶, 소금의 사명을 감당해야 합니다(마 5:13).

우리는 세상의 빛이며 소금입니다. 도전 정신을 가지고 세상으로 나가야 합니다. 사람의 타락한 본성은 우리가 아무 일도 하지 않고 웅크리게 합니다. 우울하고 침울하며 가난하게 만듭니다. 이런 어둠의 역사를 깨부수고 나가야 합니다.

콜럼버스처럼 미지의 대륙으로 가는 것은 못 해도, 우리에게는 가까운 이웃이 있습니다. 앞집, 뒷집, 옆집, 밖으로 나가서 전해야 합니다. 집 안에서 설탕만 섭취하다가 몸을 다 망치지 말고 바깥으로 나가는 것입니다.

관성의 법칙은 사람에게도 해당됩니다. 게으른 사람은 게으름의 관성이 있습니다. 익숙한 것에 머무르려는 습성, 그것을 버리고 떠날 때 하나님께서 복을 주신다 약속하셨습니다. 그러니 나이를 핑계 대지 말고 아브라함처럼 도전하기를 바랍니다. 함께 뜁시다. 도전합시다. 하나님께서는 떠나는 아브라함에게 축복을 약속하셨습니다. 동일하신 하나님께서 땅끝까지 복음을 전하라는 주님의 명령에 순종하는 우리에게도 복을 주실 것입니다.

주여, 연약하고 게으른 우리를 긍휼히 여겨 주소서. 우리에게 믿음을 부어 주셔서 익숙함에서 떠나 신앙의 모험가로 살며 주의 복을 누리게 하소서. 아멘.

그분의 숨결

레드우드의 지혜

🞘

'레드우드(redwood)'라는 나무가 있습니다. 북아메리카 지역에 주로 서식하는데 세상에서 가장 오래 사는 나무, 가장 키가 큰 나무 등으로 알려져 있습니다. 100m는 사람이 달리기만 해도 숨이 찰 정도의 거리입니다. 그런데 레드우드는 키가 100m 이상 자란다고 합니다. 또 대략 3천 년을 산다고 합니다.

일반적으로 나무는 뿌리를 깊이 내릴수록 더 튼튼하고 오래 삽니다. 그러나 레드우드는 뿌리가 겨우 2~3m 정도라고 합니다. 다른 나무에 비해 뿌리를 얕게 내림에도 불구하고 꿋꿋이 서서 3천 년을 산다고 하니, 그 비결이 궁금하지 않습니까?

레드우드의 뿌리는 사방으로 뻗치면서 다른 나무의 뿌리를 훼방하여 자라지 못하게 하는 것이 아니라, 오히려 서로 얽히고설켜서 든든하게 붙잡아 준다고 합니다. 그렇게 뿌리끼리 꽉 붙잡고 지탱하니 태풍이 와도 뽑히지 않고 100m 이상 쭉 자라 3천 년 이상 살 수 있는 것입니다. 말이 없는 생명이지만 참 신기하고 기특하지 않습니까?

우리도 높이 자라려면, 오래 버티려면 레드우드처럼 주변 사람들과 서로 든든히 붙들어야 합니다. 인간관계가 좋아야 합니다. 서로 돕고 양보하며 세워 줄 때 관계는 깊어지고 함께 우뚝 서는 것입니다.

부부, 형제, 친척 관계뿐만 아니라 교우 관계에서도 마찬가지입니다. 나보다 남을 낮게 여기며 서로 반듯이 서 있을 수 있도록 붙잡아 줄 때, 하나님께 더 가까이 높이 올라가는 신앙생활, 오래도록 건강한 신앙생활을 할 수 있습니다.

그러므로 그리스도 안에 무슨 권면이나 사랑의 무슨 위로나 성령의 무슨 교제나 긍휼이나 자비가 있거든 마음을 같이하여 같은 사랑을 가지고 뜻을 합하며 한마음을 품어 아무 일에든지 다툼이나 허영으로 하지 말고 오직 겸손한 마음으로 각각 자기보다 남을 낮게 여기고 각각 자기 일을 돌볼뿐더러 또한 각각 다른 사람들의 일을 돌보아 나의 기쁨을 충만하게 하라 빌 2:1~4

그분의 숨결

높이 자라려면, 오래 버티려면 레드우드처럼
서로 든든히 붙들어야 합니다. 서로 돕고 양보하며 세워 줄 때
관계는 깊어지고 함께 우뚝 서는 것입니다.

사도 바울은 빌립보서에서 하나 됨을 강조합니다. 2장에 나오는 "마음을 같이하여" "같은 사랑을 가지고" "뜻을 합하며" "한마음을 품어" 등이 모두 그것을 가리킵니다. 이때 하나가 되기 위해서는 상대방을 나에게 맞추려 하지 말아야 합니다. 오히려 내가 먼저 상대방에게 맞추어야 합니다. 그것이 섬김이며, 희생이고, 사랑입니다.

하나님께서는 우리를 얼마나 사랑하시는지, 먼저 우리에게 맞추셨습니다. 전지전능하며 만물을 창조한 창조주께서 우리와 똑같은 사람이 되셨습니다. 인간의 몸으로 태어나 우리와 똑같이 이 땅을 사셨습니다. 우리의 죄악, 질병, 아픔, 슬픔, 약함을 대신 다 떠맡으셨습니다. 십자가에 달리셔서 그 값을 모두 지불하셨습니다. 그 사실을 믿는 우리를 품에 안아 하나님 자녀의 위치까지 끌어올리셨습니다. 우리를 위해 우리에게 먼저 맞추어 주신 하나님이십니다.

너희 안에 이 마음을 품으라 곧 그리스도 예수의 마음이니
그는 근본 하나님의 본체시나 하나님과 동등됨을 취할 것
으로 여기지 아니하시고 오히려 자기를 비워 종의 형체를
가지사 사람들과 같이 되셨고 사람의 모양으로 나타나사

그분의 숨결

자기를 낮추시고 죽기까지 복종하셨으니 곧 십자가에 죽으

심이라 **빌 2:5~8**

우리도 예수님의 마음을 품어 먼저 섬기고, 먼저 사랑하며 서로 뜻을 합해 하나가 되기를 구해야 합니다. "아무 일에든지 다툼이나 허영으로 하지 말고 오직 겸손한 마음으로 각각 자기보다 남을 낫게" 여겨야 합니다. 나만 잘되려는 교만, 나만 돋보이려는 허영을 버려야 합니다. 겸손한 마음으로 다른 사람을 나보다 더 훌륭히 여겨야 합니다.

공자는 『논어』에서 "세 사람이 길을 가면 반드시 나의 스승이 있다"라고 이야기했습니다. 우리는 누구에게든 배울 수 있습니다. 자세히 보면 작은 생물들도 나보다 훌륭한 점이 있습니다. 우리는 새처럼 하늘을 날지 못하고, 개미처럼 땅굴을 파지도 못합니다.

이러한 겸손의 마음을 가지면 불행할 일이 없습니다. 그저 감사할 것밖에 없습니다. 자꾸 남의 흠을 보고, 남을 나보다 못하게 여기니 불만족과 다툼이 생기는 것입니다. 이제 자존심을 버리고, 자존감과 자긍심을 높이면서 서로 양보하고 남을 귀히 여기면서 연합하기에 힘써야 합니다.

'왕벌'이라 불리는 호박벌을 아십니까? 보통 꿀벌의 10~15배 되는 몸집에, 침의 독성이 매우 강한 벌입니다. 이들은 다른 꿀벌처럼 꿀을 직접 따서 먹고 살지 않습니다. 다른 작은 벌들을 공격해 그들이 저장해 놓은 꿀을 뺏어 먹고 애벌레를 잡아먹습니다. 왕벌 30마리 정도면 3~4만 마리 되는 꿀벌통을 초토화시킬 정도라니 정말 위협적입니다.

왕벌이 꿀벌을 공격할 때는 벌집 입구에서 기다리다가 한 마리씩 나오는 꿀벌의 목과 몸통을 강한 턱으로 싹둑싹둑 잘라 죽인다고 합니다. 그렇게 꿀벌을 죽이고 난 후 벌통에 침입해서 애벌레를 잡아먹고 꿀을 빼앗습니다. 그래서 양봉하는 사람들에게는 왕벌이 가장 무서운 적입니다. 무슨 일이 있어도 왕벌을 잡아야 꿀벌이 무사할 수 있습니다.

그런데 일본의 어느 꿀벌통에서 흥미로운 일이 벌어졌습니다. 왕벌이 나타나 자신들의 벌통을 위협하자 꿀벌들이 한 마리씩 대들지 않고, 때로 덤빈 것입니다.

이 지혜로운 꿀벌들은 20~30마리 정도가 함께 달려들어 왕벌을 겹겹이 둘러쌌습니다. 그리고 날개를 힘껏 저으며 뜨거운 열을 내어 왕벌이 그 열기에 의해 질식해서 죽게 만들었습니다. 한 마리씩 상대할 때는 패할 수밖에 없지만, 여럿

그분의 숨결

이 힘을 합치니 적을 물리치고 안전하게 되었습니다.

그 후에 주께서 따로 칠십 인을 세우사 친히 가시려는 각
동네와 각 지역으로 둘씩 앞서 보내시며 이르시되 추수할
것은 많되 일꾼이 적으니 그러므로 추수하는 주인에게 청
하여 추수할 일꾼들을 보내 주소서 하라 눅 10:1~2

예수님께서는 제자들을 보내실 때 둘씩 짝지어 보내셨습
니다. 서로가 협력하기를 원하셨던 것입니다. 우리에게도 꿀
벌 같은, 레드우드 같은 지혜가 필요합니다. 세상에서 홀로
버티면 승산이 없습니다. 일터에서도, 학교에서도, 특히 교
회에서도 서로 협력하며 협동하는 지혜, 서로 도와주고 도움
받으며 함께 성장하는 지혜가 필요합니다.

주여, 우리가 서로를 섬기며 세워 가기 원합니다. 주님
께서 보여 주신 십자가의 모범을 따라 한마음을 품고
주 안에서 함께 성장하며 성숙하게 하소서. 아멘.

소통을 위하여

　'이코노미클래스 증후군'이라는 말을 들어 보셨습니까? 비행기는 승객들이 타는 좌석의 등급에 따라 1등석, 비즈니스석, 이코노미클래스로 구분되어 있습니다.

　1등석은 이코노미클래스보다 5~6배 비싸기 때문에 서민들이 탈 수 없습니다. 비즈니스석도 상당히 비싸기 때문에 여유 있는 사람들이 주로 이용하는데, 이코노미클래스보다 좌석이 2~3배 넓습니다.

　보통 사람들은 이코노미클래스를 주로 이용합니다. 자리가 좁지만 저렴하기 때문입니다. 제 체구가 큰 편이 아닌데도 이코노미클래스를 타면 좌석이 꼭 찹니다. 다리가 앞좌석과 맞닿아서 옴짝달싹할 수가 없습니다.

　그 상태로 10~15시간을 비행하면 거의 죽다 살아납니다. 피가 잘 안 돌아서 다리가 붓습니다. 나이 든 분들은 특히 조심해야 합니다. 혈액순환이 안 되어 심부정맥 혈전증이 생기거나 심하면 사망하는 경우도 발생하기 때문입니다. 혈관이 막히고 몸에 소통이 막히면 이렇듯 큰일이 생기고 마는 것입니다.

그런데 이 혈관의 소통보다 중요한 것이 있습니다. 바로 영적인 소통, 하나님과 소통하는 것입니다. 우리 인간의 모든 문제는 왜 일어납니까? 하나님과 소통이 끊어졌기 때문입니다. 하나님과의 교제, 하나님과의 관계가 막혔다는 것입니다. 우리가 범죄함으로 하나님과 우리 사이가 막혔고, 장벽이 생겼습니다.

하나님은 완벽하십니다. 하나님의 손이 짧거나 능력이 없으셔서 우리와의 관계가 끊어진 것이 아닙니다. 하나님과 우리 사이를 가로막는 것은 무엇입니까? 우리의 '죄'입니다.

여호와의 손이 짧아 구원하지 못하심도 아니요 귀가 둔하여 듣지 못하심도 아니라 오직 너희 죄악이 너희와 너희 하나님 사이를 갈라놓았고 너희 죄가 그의 얼굴을 가리어서 너희에게서 듣지 않으시게 함이니라 이는 너희 손이 피에, 너희 손가락이 죄악에 더러워졌으며 너희 입술은 거짓을

말하며 너희 혀는 악독을 냄이라 사 59:1~3

영적으로 하나님과 소통하지 않으면 영이 죽습니다. 모든 인간은 타락했기 때문에 하나님과의 소통이 막혔습니다. 쉽게 말해 '영적 이코노미클래스 증후군'에 걸려 있다고 할 수 있습니다.

더구나 마귀가 사람들을 꽉 누르고 있습니다. 악한 영이 사람을 억압하여 우울하게 만들고, 침체되게 만듭니다. 지금 주변에 영적 이코노미클래스 증후군에 걸려 있는 사람은 없습니까? 그들을 도와주어야 합니다.

이런 영적 불통은 사람과 사람 사이에도 영향을 미칩니다. 가정, 직장, 심지어 교회 안에서도 소통이 안 되고 대화가 통하지 않게 됩니다. 각자 자기중심에 빠져 이기적으로 생각하고, 자기 세계에 심취해 살아갑니다. 그러다 보니 대화를 해도 피상적인 대화만 오가고 깊은 대화가 안 됩니다. 답답하기만 합니다.

이렇게 불통인 세상에 하나님과 우리 사이의 관계를 소통되게 하려고 누가 오셨습니까? 예수님이 오셨습니다. 예수님께서 하나님과 우리 사이를 가로막은 죄 문제를 처리하시고자 십자가에서 죽으셨습니다. 그리하여 단번에 하나님을 향한 소통의 길을 여셨습니다.

우리가 예수님을 믿고 회개할 때 하나님과 우리 사이에 막혔던 담이 허물어지고 다시 하나님과의 소통이 일어나게 됩니다. 하나님과의 관계가 회복되면 사람과 사람 사이의 소통도 잘 일어나게 됩니다. 그것이 종(縱)과 횡(橫)으로 이루어진 십자가의 의미입니다.

하나님과의 관계가 확실히 뚫릴 때, 사람과의 관계에서도 소통이 원활해집니다. 소통의 영이신 성령님을 통하여 하나님과도 사람과도 연결되어 복된 삶을 살아가는 것입니다.

명철한 사람의 입의 말은 깊은 물과 같고 지혜의 샘은 솟구쳐 흐르는 내와 같으니라 악인을 두둔하는 것과 재판할 때에 의인을 억울하게 하는 것이 선하지 아니하니라 미련한 자의 입술은 다툼을 일으키고 그의 입은 매를 자청하느니라 미련한 자의 입은 그의 멸망이 되고 그의 입술은 그의 영혼의 그물이 되느니라 잠 18:4~7

그렇다면 구체적으로 우리는 어떻게 소통을 이루어야 합니까? 무엇보다 중요한 것은 우리의 '말'입니다. 잠언은 '명철한 사람의 입'과 '미련한 사람의 입'을 대조하여 말씀합니다. "명철한 사람의 입의 말은 깊은 물과 같고 지혜의 샘은 솟구쳐 흐르는 내와 같으니라" 명철한 사람의 입에서는 지혜의 말이 쏟아져 나옵니다. 반대로 미련한 사람의 입은 어떻습니까? 다툼을 일으키고 매를 자청합니다. 결국에는 자기의 말로 인하여 멸망을 당하게 됩니다.

말은 좋은 소통의 도구입니다. 하나님의 복음이 우리에게 무엇으로 전해졌습니까? 말입니다. 하나님의 말씀이 무엇으로 들려집니까? 말입니다. 천국과 영생이 무엇으로 전달됩니까? 말입니다. 성령님은 무엇을 타고 흐르십니까? 바로 말, 우리의 입술에서 나오는 말을 통해 흐르십니다.

그래서 우리는 말을 잘해야 합니다. 말을 잘한다는 것은 어떠한 의미입니까? 경우에 합당한 말을 한다는 것입니다(잠 25:11). 말을 많이 하느냐 적게 하느냐는 중요하지 않습니다. 말을 빨리 하느냐 느리게 하느냐도 중요하지 않습니다. 경우에 합당한 말, 곧 필요한 말, 명철한 말, 지혜로운 말, 적재적소의 말을 하는 것이 중요합니다.

말은 좋은 소통의 도구입니다.
하나님의 복음이 우리에게 무엇으로 전해졌습니까?
하나님의 말씀이 무엇으로 들려집니까? 말입니다.

한편으로는 언제나 어디서나 해야 할 말도 있습니다. 그것은 복된 말, '복음'을 전하는 것입니다. 복음은 복된 소식입니다. 눈에 보이지는 않지만 어마어마한 능력이 있는 말이 복음입니다. 물론 침묵은 중요합니다. "말은 은이고 침묵은 금이다"라는 말도 있습니다. 그렇지만 저는 그 말이 항상 정답이라고 생각하지는 않습니다. 말을 할 때는 해야 합니다.

침묵을 통해서는 복음이 증거되지 않습니다. 말을 해야 복음이 전파됩니다. 지나친 말, 잘못된 말은 멈춰야 하지만 꼭 필요한 말, 복음을 전파하는 말은 반드시 해야 합니다. 복음으로 하나님과 소통하게 된 우리가, 이제 복음으로 사람들과 소통해야 합니다. 오늘 내가 만나야 할 그 사람과 마음으로 소통하고 복음으로 소통하게 되기를 축복합니다.

주여, 우리가 소통하며 살기 원합니다. 복음을 믿어 하나님과 소통되었듯이, 세상에 나가 복음으로 소통할 수 있도록 지혜와 겸손을 허락하소서. 아멘.

감사로 즐기기

바꿀 수 없으면 즐기라는 말이 있습니다. 인생을 살다 보면 내가 바꿀 수 있는 것보다 그렇지 않은 것이 많기 때문입니다. 그러면 어떻게 해야 합니까?

성경은 우리에게 항상 기뻐하고 감사하라고 말씀합니다. 하나님께서 허락하신 생을 누리며 행복하길 원하는 것입니다. 그렇다면 그 반대는 무엇입니까? 불평하고, 원망하고, 짜증 내고, 미워하고, 두려워하고, 괴로워하는 것입니다. 하나님은 그런 것들을 싫어하십니다. 그런 사람을 기뻐하시지 않습니다.

항상 기뻐하라 쉬지 말고 기도하라 범사에 감사하라 이것
이 그리스도 예수 안에서 너희를 향하신 하나님의 뜻이니
라 **살전 5:16~18**

하나님의 뜻은 분명합니다. 우리는 하나님이 기뻐하시는 사람이 되어야 하지 않겠습니까? 지금 내가 처한 상황, 내가 마주한 사람, 내게 맡겨진 일을 즐거워해야 합니다. 가끔이 아니라 항상, 때때로가 아니라 범사에 즐거워해야 합니다. 상황을 바꿀 수 없어도 즐겨야 합니다.

한번 생각해 봅시다.

예수님을 바꿀 수 있습니까? 그건 말이 안 됩니다. 그러므로 예수님을 즐거워하는 것입니다. 예수님이 이해가 안 될 때도 있습니다. 예수님과 맘이 안 맞을 때도 있습니다. 그렇지만 그분은 선하시기에 내가 모르는 깊은 뜻이 있을 것이 분명합니다. 그러니 즐거워하고, 기뻐하고, 감사해야 합니다.

내가 섬기는 교회를 바꿀 수 있습니까? 교회를 옮길 수도 없고, 내 맘대로 할 수도 없으면 어떻게 해야 합니까? 교회를 즐기는 것입니다. "교회의 이것도 싫고, 저것도 싫다." 이런 불평은 내게도 안 좋고 하나님도 기뻐하지 않으십니다. 주님 앞에 달가운 일이 아닙니다. 죄를 짓는 것입니다.

배우자를 바꿀 수 있습니까? 어떨 땐 그런 맘이 들 수도 있습니다. 성격이나 습관이 다를 수도 있습니다. 시댁이나

처가, 집안의 어려운 여건들로 시달릴 수도 있습니다. 그럴 때 어떻게 하는 게 상책입니까? 바꿀 수 없으면 즐겨야 합니다. 서로 소통을 위해 노력하며 이왕 결혼했으니 즐겨야 합니다.

그렇다고 자녀는 바꿀 수 있습니까? 세상에서 가장 마음대로 안 되는 것이 자녀 문제입니다. 못마땅한 마음이 들 수도, 어쩌다 저런 원수가 태어났나 싶은 생각이 들 수도 있습니다. 그렇더라도 앞으로 철이 들면 나아지겠지, 하나님의 선한 뜻이 있겠지 기대하면서 즐기는 것입니다.

따지고 보면 다 생각의 차이입니다. 백지장 한 장의 차이입니다. 그런데 이게 내 마음대로 안 됩니다. 주어진 상황에 기뻐하고 싶고 감사하고 싶은데 안 될 때가 많습니다. 삶이 내 맘대로 안 되면 예수님이 원망스럽습니다. 남편 얼굴만 보면 화가 나고, 아내 모습만 보면 짜증이 납니다. 자식 목소리만 들어도 분노가 일어납니다.

그러니 우리는 어떻게 해야 합니까? "항상 기뻐하라"와 "범사에 감사하라" 사이에 무슨 말씀이 있습니까? "쉬지 말고 기도하라"입니다. 우리가 삶을 즐기고 감사하며 살 수 있으려면 기도해야 합니다. 기도로 성령님과 동행해야 합니다.

전도서는 자기의 일에 즐거워하는 것보다
나은 것이 없다고 우리에게 말씀합니다.

성령이 충만하도록 구해야 합니다. 성령은 기쁨의 영, 즐거움의 영, 누리게 하시는 영이십니다.

> 그러므로 나는 사람이 자기 일에 즐거워하는 것보다 더 나은 것이 없음을 보았나니 이는 그것이 그의 몫이기 때문이라 아, 그의 뒤에 일어날 일이 무엇인지를 보게 하려고 그를 도로 데리고 올 자가 누구이랴 전 3:22

전도서는 자기의 일에 즐거워하는 것보다 나은 것이 없다고 우리에게 말씀합니다. 하루하루 자기 삶을 즐기고 누리며 사는 사람을 하나님께서 기뻐하신다는 것입니다. 지금 하고 있는 일, 자신이 맡은 직분과 직책, 처한 상황을 즐기는 사람은 하나님이 기뻐하시는 사람입니다.

어둠의 영들은 우리가 그러지 못하도록 흔들어 댑니다. 반복해서 누르고 억압하고 충동질해서 하나님이 주신 복을 누리지 못하게 만듭니다. 여기에 넘어가면 기쁨이 사라지고 감사가 실종됩니다. 불평하고 원망하고 비뚤어지게 됩니다.

그러므로 기도해야 합니다. 내 힘으로 할 수 없는 이 일을, 성령의 능력으로 행하게 해 달라고 구해야 합니다. 지금도 하나님께서는 우리가 기쁨과 감사 속에 살아가길 원하십니다. 기도하면, 하나님께 구하면, 그 은혜를 날마다 누릴 수 있습니다.

주여, 날마다 기뻐하고 감사하며 살게 하소서. 제 힘으로 할 수 없사오니 기도로, 믿음으로, 성령으로 언제나 은혜를 얻게 하소서. 아멘.

그분의 숨결

기쁨 누리기

∞

한 스포츠 종목에서 두각을 나타내는 선수들을 보면 대체로 뭔가 특별한 능력이 있음을 발견하곤 합니다. 바로 그 일을 '즐기는 것'입니다.

일례로 김연아 선수를 들 수 있습니다. 그녀는 국내뿐 아니라 전 세계에서 인정받은 뛰어난 피겨스케이팅 선수입니다. 인터뷰를 보니 그녀에게도 스케이팅이 싫었던 어린 시절이 있었습니다. 고된 훈련에 울며 도망가기도 했다고 합니다. 그때마다 어머니가 설득하고 응원하며 딸이 포기하지 않고 연습을 이어 가도록 했습니다.

어느 날 그녀는 스케이팅을 좋아하는 자신을 발견합니다. 이후 훈련이 즐거워집니다. 남들이 보든 안 보든 스케이트를 즐기게 됩니다. 그 시간들이 쌓여 그녀는 놀라운 선수가 되었습니다. 『논어』에는 "아는 것은 좋아하는 것만 못하고, 좋아하는 것은 즐기는 것만 못하다"라는 말이 나옵니다.

최고의 능률과 효과는 '즐기는 것'에서 나온다는 뜻입니다.

우리는 사람의 영혼을 살리기 위해 복음을 증거하는 일, 하나님 나라를 이 땅에 건설하는 일, 영원한 하늘나라의 상급이 보장된 일을 하는 사람들입니다. 이 일이야말로 인간으로 태어나 할 수 있는 가장 의미 있고 보람되며 영광스러운 일이 아니겠습니까? 세상 그 누구보다 즐기면서 행복하게 일할 수 있는 것이 우리입니다.

사도행전 26장을 보면 총독 베스도와 아그립바 왕이 사도 바울을 심문하며 "네가 미쳤도다"(행 26:24)라고 말하는 장면이 나옵니다. 그들이 보기에 바울은 복음에 미친 사람이었습니다.

그런데 더 흥미로운 것은 바울이 그들을 향해 '모두가 나처럼 되기를 원한다'라고 말했다는 점입니다. 복음을 깨달으면 말릴 수 없습니다. 누가 뭐래도 즐거이 복음을 전하게 되는 것입니다.

예수님은 선하고 좋은 분이십니다. 하늘과 땅을 창조하신 전능한 그분이 나를 위해 이 땅에 육신으로 오셨습니다. 나를 사랑하셔서 나를 위하여 목숨까지 내어 주셨습니다. 그리하여 하나님의 자녀가 되게 하시고 주를 믿고 따르게 하셨습니다.

그런데 우리는 그 사랑을 받고도 하나님을 기뻐하기는커녕 불평하고 원망합니다. 신앙생활을 즐기기는커녕 부담스러워합니다. 사도 바울처럼 누구에게나 복음을 자랑하기는커녕 소극적으로 살아갑니다.

구약성경에는 이스라엘 백성을 향해 하나님께서 진노하시는 장면이 자주 나옵니다. 이는 사랑 때문입니다. 하나님이 이스라엘을 사랑하시기 때문에, 관심과 애정이 많으시기에 진노하는 것입니다.

처음 보는 사람이 인사하지 않아도 상처받지 않지만 내가 사랑하는 사람이 모른 척하고 지나가면 상처받지 않겠습니까? 사랑하는 사람에게는 예민해지는 것입니다. 하나님은 나를 너무너무 사랑하시기에 하나님에 대한 나의 마음, 나의 반응에 매우 예민하십니다.

그러므로 하나님을 기뻐합시다. 신앙생활을 즐기며 합시다. 거기에 인생의 행복이 있습니다. 이왕 예수님 믿는 거, 이왕 교회에 나오는 거, 기뻐하고 즐거워한다면 하나님의 말씀이 꿀처럼 달게 느껴지고 기도가 사랑의 속삭임이 될 것입니다. 거기서 기도는 응답되고 내 심령에 에덴동산이 이루어지는 것입니다. 천국을 이 땅으로 끌어당기는 것입니다.

느헤미야서를 보면 이스라엘 백성이 바벨론의 포로로 끌려갔다가 70년 만에 다시 돌아와 통곡하는 장면이 나옵니다. 고향 땅과 아름다운 성전이 모두 파괴되고 불타 황량해진 모습을 보았기 때문입니다. 하나님의 백성이 이방 민족에게 조롱을 받고 노예 생활을 한 것이 모두 자신들의 죄 때문임을 깨닫고 그들은 울었습니다.

백성이 율법의 말씀을 듣고 다 우는지라 총독 느헤미야와
제사장 겸 학사 에스라와 백성을 가르치는 레위 사람들이
모든 백성에게 이르기를 오늘은 너희 하나님 여호와의 성
일이니 슬퍼하지 말며 울지 말라 하고 느 8:9

마침 그날은 '성일'이었습니다. 지도자들은 백성을 향해 "오늘은 너희 하나님 여호와의 성일이니 슬퍼하지 말며 울지 말라"라고 말했습니다. 오늘은 하나님의 날, 거룩한 날이니

하나님을 기뻐합시다.
신앙생활을 즐기며 합시다.
기뻐하고 즐거워한다면
하나님의 말씀이 꿀처럼 달게 느껴지고
기도가 사랑의 속삭임이 될 것입니다.

울면 안 된다고, 도리어 하나님으로 인하여 기뻐하자고 권했습니다. 하나님의 말씀을 듣는 성일이니 슬픔, 근심, 눈물은 그치고 마땅히 기뻐해야 한다는 것입니다.

> 또 여호와를 기뻐하라 그가 네 마음의 소원을 네게 이루어 주시리로다 네 길을 여호와께 맡기라 그를 의지하면 그가 이루시고 시 37:4~5

여기서 한 가지 놓치지 말아야 할 것이 있습니다. 그것은 바로 하나님이 베푸신 것과 하나님 자신을 구별해야 한다는 것입니다. 성경은 "여호와를 기뻐하라"라고 말씀합니다. 하나님이 주신 것을 기뻐하는 것이 아니라, 하나님 자신을 기뻐하고 즐기라는 것입니다. 그것이 참 믿음이며 하나님과 친밀한 관계를 쌓는 길입니다.

그렇게 하나님을 좋아하고 하나님을 누리게 되면 그분이 내 삶의 모든 것도 책임져 주시고 그분으로 인한 기쁨이 내 삶에 가득 넘치게 될 것입니다.

주여, 우리 삶에 기쁨이 가득 넘치길 원합니다. 주님이 주신 하루하루의 삶을 즐기며 주어진 상황을 누리며 날마다 복된 인생을 살아가게 하소서. 아멘.

하늘나라 리더

❀

서양의 귀족들이 존경을 받게 된 것은 '노블레스 오블리주(noblesse oblige)' 정신 때문입니다. 높은 지위와 고귀한 신분을 지니고 있는 사람들, 지도자의 위치에 있는 사람들은 그에 걸맞은 행동과 책임을 다해야 한다는 것입니다. 지도자는 지도자로서 걸맞은 책임과 행동을 다할 때 진정한 리더십이 생깁니다.

영국인들이 지금도 존경하고 지지하는 여왕 엘리자베스 2세(Elizabeth II)는 젊은 시절 제2차 세계대전에 참전한 적이 있습니다. 여자는 군대에 가지 않던 시대에 그녀는 결혼하지 않은 처녀로서, 게다가 공주의 신분으로서 군인이 되어 온갖 궂은일을 도맡았습니다. 그러했기에 영국인들이 그녀를 존경할 수 있었습니다.

그녀의 아들 앤드류 왕자는 영국과 아르헨티나가 싸운 포

클랜드 전쟁에 참전했습니다. 전투기 조종사로 복무하며 죽을 고비를 수차례 넘겼습니다. 이렇듯 영국의 왕실은 국민의 지도자로서 지도자다운 도덕성과 품격이 있었습니다. 자신의 신분과 위치에 걸맞은 책임감을 가지고 행동으로 옮긴 것입니다.

미국의 34대 대통령 아이젠하워(Dwight Eisenhower)는 여러 전쟁에서 미국을 승리로 이끈 군인 출신으로, 리더십이 탁월하여 많은 미국인으로부터 존경과 지지를 받은 대통령이었습니다.

하루는 기자들이 그에게 리더십의 비결을 물었습니다. 그는 책상 위에 실을 늘여 놓고 뒤에서 밀어 보라고 했습니다. 그러나 실은 구부러질 뿐 앞으로 가지 않았습니다. 그때 아이젠하워가 미소를 지으며 앞에서 실을 당겼습니다. 그러자 실이 앞으로 딸려 왔습니다. 그 모습을 보며 그는 말했습니다.

"지도자는 뒤에서 미는 존재가 아니라 앞에서 이끄는 존재입니다. 앞장서서 모범을 보이는 자가 참된 리더입니다."

너희는 세상의 소금이니 소금이 만일 그 맛을 잃으면 무엇

으로 짜게 하리요 후에는 아무 쓸데없어 다만 밖에 버려져

사람에게 밟힐 뿐이니라 너희는 세상의 빛이라 산 위에 있

는 동네가 숨겨지지 못할 것이요 사람이 등불을 켜서 말 아

래에 두지 아니하고 등경 위에 두나니 이러므로 집 안 모든

사람에게 비치느니라 이같이 너희 빛이 사람 앞에 비치게

하여 그들로 너희 착한 행실을 보고 하늘에 계신 너희 아버

지께 영광을 돌리게 하라 마 5:13~16

예수님을 믿는 그리스도인들은 세상의 빛과 소금으로서 이 세상을 섬겨야 합니다. 어두운 세상을 밝히고 세상을 썩지 않게 유지시키며 이끌어 나가는 지도자가 되어야 합니다. 따라서 영적으로나 도덕적으로나 언행심사 모든 면에서 세상 사람들보다 앞서가야 합니다. 그러한 지도자들이 바로 '크리스천'입니다.

특히 교회의 크고 작은 리더들은 그에 따른 신분과 위치에 걸맞은 책임감을 가지고 품격과 품위를 지켜야 합니다. 군대의 장교들은 사병과 다른 식당을 쓰고 숙소도 다르며 화장실도 따로 씁니다. 장교로서 품격을 지키기 위해서입니다.

하늘나라의 장교들로서 그에 맞는 품위를 지킬 때 양들을

그리스도인들은 세상의 빛과 소금으로서
이 세상을 섬겨야 합니다.
어두운 세상을 밝히고
세상을 썩지 않게 유지시키며 이끌어 나가는
지도자가 되어야 합니다.

이끌어 갈 수 있는 리더십이 생깁니다. 따라서 옷도 품격 있게 입고, 머리모양과 화장, 액세서리 등도 리더답게 해야 합니다. 행동 하나하나, 말하는 것과 표정까지 고귀하고 아름다운 품위를 지켜야 합니다.

무엇보다 하늘나라 지도자로서 예배 생활부터 바로 세워야 합니다. 개인적으로 여러 사정이 있다고 하더라도 어떠한 이유 여하를 불문하고 주일 낮 예배에 목숨을 걸어야 합니다. 또한 주일 저녁 예배, 수요 예배, 금요 예배에 참석하되 피치 못할 사정이 있다면 목표를 세우고 기도해야 합니다. 금식하며 기도하여 올해는 주일 저녁 예배, 내년은 금요 예배에 반드시 출석하겠다는 목표를 세우고 실천해 나가야 합니다.

『맹자』에는 '군자삼락(君子三樂)'이란 말이 나옵니다. "군자에게는 세 가지 즐거움이 있으니 첫째는 부모님이 모두 살아계시고 형제가 무고한 즐거움이요, 둘째는 하늘에 부끄럽지 않고 사람에게 부끄럽지 않은 즐거움이며, 셋째는 천하의 뛰어난 인재를 가르치는 즐거움이다"라는 내용입니다.

지식이 뛰어난 스승이 아무리 훌륭한 인재를 키워 낸다고

그분의 숨결

해도 그들의 영혼을 구원하지는 못할 것입니다. 그러나 우리가 만일 지옥 갈 사람들을 천국으로 인도하며 하늘나라의 지도자로 키워 낸다면 맹자가 흠모한 군자삼락을 온전히 다 이루게 될 것입니다. 하나님의 양들, 하늘나라의 인재를 키우는 것이 얼마나 가치 있고 위대한 일입니까!

꽃들을 비롯한 모든 동식물, 심지어 박테리아까지도 얼마나 주어진 일을 잘 하는지. 모든 생명체는 생육, 번성, 충만하라는 사명을 잘 감당하고 있습니다. 하물며 하나님의 자녀인 우리 그리스도인들은 더더욱 열심히 양을 치고 번성해야 하지 않겠습니까?

양들 앞에서, 자녀들 앞에서, 또한 세상 사람들 앞에서 먼저 모범을 보이고 내가 먼저 희생하고 양보하며 섬기는 지도자가 됩시다. 그리할 때 진정한 리더십이 생기고 사람들이 우리를 존경하며 따라오게 될 것입니다. 예수님처럼 섬기는 왕으로서 양들을 위해 희생한다면 양들은 우리 앞에 순복할 수밖에 없습니다.

양을 부하처럼 다루고 거만하게 목에 힘을 줌으로써 권위를 세우는 것이 아니라 희생과 섬김, 사랑으로 굴복시키는 것입니다. 우리는 양을 다스리되 사랑하고 섬기고 희생하면서 그들이 나를 존경하고 따르도록 해야 합니다. 그러한 지도자가 있는 공동체는 건강하게 유지되며 계속 성장할 수 있을 것입니다.

예수님은 만물을 창조하시고 관리하시며, 만왕의 왕 만주의 주이십니다. 그 주님께서 육체로 오셔서 희생제물이 되어 우리를 구해 주셨습니다. 오늘도 우리를 사랑과 희생과 평화로써 섬기고 다스리십니다. 그러므로 이 진리를 깨닫고 은혜를 받을수록 주님 앞에 엎드리게 됩니다.

예수님의 리더십, 우리에게 윽박지르지 않으시고 자기 목숨까지 내어 주신 희생과 사랑의 리더십을 본받읍시다. 그리할 때 주님께서 말할 수 없는 위로와 평강과 칭찬을 주십니다. 그리고 먼 훗날 천국에서 큰 상급도 주실 것입니다.

꽃

주여, 예수님처럼 섬기는 리더가 되게 하소서. 섬기고 희생하는 참 지도자가 되게 하소서. 리더로서의 고귀한 품위와 품격을 갖추게 하소서. 그리하여 하나님 나라 확장에 귀하게 쓰임받게 하소서. 아멘.

그분의 숨결

임다윗 신앙에세이

초판 1쇄 인쇄 2024년 11월 12일
초판 1쇄 발행 2024년 11월 20일

지은이	임다윗
발행인	강영란
사업총괄	이진호

발행처	샘솟는기쁨
출판등록	제 2019-000050 호
주소	서울시 중구 수표로2길 9 예림빌딩 402 (04554)
대표전화	02-517-2045
팩스(주문)	02-517-5125
홈페이지	https://blog.naver.com/feelwithcom
전자우편	atfeel@hanmail.net

편집	박관용 권지연
표지·본문 그림	김소혜
디자인	트리니티
제작	아이캔
물류	신영북스

ⓒ 임다윗, 2024
979-11-92794-50-1(03200)